中国古代教育智慧
ZHONGGUOGUDAIJIAOYUZHIHUI

荀子的教育智慧

刘枫 著

中国商业出版社

图书在版编目（CIP）数据

荀子的教育智慧 / 刘枫著 . -- 北京：中国商业出版社，2018.7

ISBN 978-7-5208-0309-0

Ⅰ. ①荀… Ⅱ. ①刘… Ⅲ. ①荀况（前313-前238）—儒家教育思想—研究 Ⅳ. ① B222.65 ② G40-092.31

中国版本图书馆 CIP 数据核字（2018）第 075978 号

责任编辑：王彦

中国商业出版社出版发行
010-63033100 www.c-cbook.com
（100053 北京广安门内报国寺1号）
新华书店经销
天津兴湘印务有限公司

* * * * *

710毫米 ×1000毫米　1/16开　10印张　110千字
2018年8月第1版　2018年8月第1次印刷

定价：35.00元

* * * * *

（如有印装质量问题可更换）

目　录

第一部分　荀子的教育思想 …………………………… 1
　一、荀子简介 …………………………………………… 3
　二、荀子的教育思想 …………………………………… 7

第二部分　《荀子》的教育智慧 ……………………… 13
　一、教育基本问题的主张 ……………………………… 15
　二、认识论与教学思想 ………………………………… 20
　三、关于道德教育思想 ………………………………… 23

第三部分　《荀子》选编 ……………………………… 27
　一、劝学篇 ……………………………………………… 29
　　故事：陶渊明劝学 …………………………………… 46
　二、修身篇 ……………………………………………… 49
　　故事：朱熹拜师求学 ………………………………… 64
　三、儒效篇 ……………………………………………… 69
　　故事：孔子周游列国 ………………………………… 105
　四、不苟篇 ……………………………………………… 110
　　故事：董狐书法不隐 ………………………………… 125
　五、性恶篇 ……………………………………………… 128
　　故事：从神童到常人 ………………………………… 151

第一部分 荀子的教育思想

一、荀子简介

荀子

荀子（前313年—前238年），姓荀，名况，尊号荀卿，世人尊称其为荀子。西汉时因避宣帝刘询之讳，曾一度改称孙卿。他是中国古代著名的教育家、思想家和文学家。

荀子祖籍古荀国，即现今山西新绛县北的席村，原称荀城，即古荀国之都城。春秋时期荀国被晋国所灭。战同时期三家分晋之后，绛州一带本属魏国，但因秦、赵、魏之间的战争，国境线犬牙交错，时有变化，绛州一带一度曾属赵国。邻近的稷山县廉城，相传为赵国大将廉颇屯兵之地。故司马迁在《史记》中为荀子与孟子合写列传时，称荀子为赵国人。新绛城内龙兴寺发现了《荀子故里》石匾额一块，当地至今仍流传着关于荀子的传说。

荀子在青少年时期就刻苦学习，饱读诗书。十五岁便远游齐国，在齐国都城稷下（今山东临淄）学馆读书、讲学。精研诸子各家学说，成为了著名的学者。当时七雄并存，兼并战争十分激烈，各国大兴办学养士之风，齐国都城市井繁华，一时间也聚集了许多儒士，荀子是其中年龄最小的一位。由于天资聪慧、过目成诵，再加上刻苦好学、能言善辩，其在学馆里崭露头角。

公元前301年，齐宣王死后，齐湣王继位。湣王不听儒士们的忠告，反而大骂学馆的儒士们

中国古代教育智慧

荀子

都是些"衣架饭囊",儒士们纷纷离去。荀子把自己的政治主张写成文章,再三表白他的治国良策,而齐湣王却偏偏不听,荀子愤然离开齐国,到秦国游说。秦昭王与宰相范睢对荀子的态度也十分冷淡,未采纳他改革时弊的政见。荀子又来到赵国,赵孝成王也是一个不喜欢进谏的君王,对于荀子的直言忠谏,很不满意。荀子四处游说,虽然满怀赤心忠胆,却得不到各国君王的赏识,反而遭到一次次的冷嘲热讽、诽谤打击,不免仰天长叹,感慨万端,深为这些君王的无知无识而遗憾。荀子年过半百,仍在四处游说,他再次来到齐国都城,在稷下学馆担任了祭酒(相当于校长)。此时的齐国因战败而时局混乱,但荀子还是难以施展才能。不久后他就南行至楚国,当时楚国当权的楚相春申君因一向对荀子比较尊崇,初次见面就任命他为兰陵县令(今山东省苍山县兰陵镇)。春申君被李园杀害后,荀子也被免职。此时,他深感年老体弱,无力再四处奔波,就留在兰陵著书讲学。直到公元前238年逝世,葬于兰陵。

荀子一生主要从事教学与著述,其弟子甚众,以李斯和韩非最为著名。他的著作中反映的古代朴素的唯物主义思想,至今仍有现实意义。在宇宙观方面,他提出了"制天命而用之"的思想。荀子认为,自然界的存在,不以人的主观意志为转移,但人类可以用主观努力去认识它、顺应它、运用它,以趋吉避凶。在认

荀子的教育智慧

荀子

识论方面，他认为人认识客观事物，首先要通过感觉器官和外界事物接触，强调"行"对于"知"的必要性和后天学习的重要性，有朴素的唯物思想。在政治上，他针对孔子、孟子效法先王的思想提出了"法后王"的口号，主张应该适应当时的社会情况去施政，要选贤能，明赏罚，兼用"法""术"实行统治，他的许多思想都为后来的法家所汲取。在人性问题上，他不同意孟子的性善论，主张性恶论，认为后天环境可以改善人的恶的本性，所以他主张"明礼义而化之"。他重视教育的作用，强调教育功能的重要性，有着积极意义。在有名的《劝学篇》中，集中论述了他关于学习的见解，文中强调"学"的重要性，认为只有博学才能"知助而无过"，同时他还指出学习必须要联系实际，学以致用，学习态度应当精诚专一，坚持不懈。他非常重视教师在教学中的地位和作用，认为国家要兴旺就必须重视教师，同时也对教师提出了严格要求，认为教师如果不给学生做出榜样，学生是不能躬行实践的。

荀子批判地继承了各家学说，他在博采众家学说之长的基础上发展了儒家思想，成为继孔孟之后的儒家大师，被誉为先秦集大成的思想家。学者谭嗣同曾说过："二千年之政，皆秦政也，……二千年之学，皆荀学也。"章太炎也说过："自仲尼而后，孰为后圣？……唯荀况足以称是。"荀子的思想涉及哲学、政治、经济、教育等许多方面的内容，深深影响了他身

中国古代教育智慧

荀子

后两千多年的中国封建社会，在中国古典文化体系中拥有重要地位。

荀子的思想资料主要保存在《荀子》一书中。起初，荀子的作品以单篇流传，有三百二十三篇。在西汉刘向校书的时候，将其整理校订，编辑成书，定为三十二篇、十二卷，当时称为《孙卿新书》。后来唐人杨倞为其作注，将其编为二十卷，才更名为《荀子》，这就是今天世人所看到的《荀子》。关于这本书的写作，据刘向《叙录》记载应该是荀子晚年在兰陵时写的。"孙卿卒不用于世，老于兰陵，疾浊世之政，亡国乱君相属，不遂大道而营乎巫祝，信机祥。鄙儒小拘如庄周等，又滑稽乱俗。于是推儒、墨、道德之行事，兴坏序列，著数万言而卒"。但其实《荀子》一书并非全部出自荀子本人，其中二十二篇为荀子亲手所写，其他的为其弟子所著。他的著作说理精辟、比喻精切、气魄雄浑、行文流畅，许多精彩的警句已成为千古名言，使人百读不厌，如《劝学》中的"学不可以已。青，取之于蓝，而胜于蓝；冰，水为之，而寒于水。"

二、荀子的教育思想

荀子的教育理论基础是性恶论。他从这个观点出发，认为人之所以能尊尚道德，做出好事，就是因为加强了对他们教育的结果，使他们变恶为善。他倾其一生从事教育和学术活动，在长期的教育实践活动中不仅积累了丰富的经验，而且融合诸家思想形成了自己独特的教育观，在中国古代教育史上占有极为重要的地位。

荀子

（一）学思行结合

他说"吾尝终日而思矣，不如须臾之所学也"。学是思的基础，思是学的深入，学思精通则知之明，"知明而行无过矣"。荀子认为思是学与行之间的关键，学而不思者则不明。因此，他认为理想的"大儒"不仅仅是博学多能，最为重要的是有超常的理性判断能力，"知类"和"通道"。"道者，治之经理也"，"礼者，人道之极也"。"知道"的实质涵义就是"知礼"，思考就是要以礼作为准绳来判断知识的曲直是非，反对不求本义和纲领的杂乱识记。

"解蔽"，就是在学习时防止出现认识与理解上的片面性。有些学说观点虽然"持之有故，言之有理"，但往往"蔽于一曲（部分），而暗于大理"，因此要加以分析和审慎地批判之后去伪存真。"解蔽"就是要从片面性的局限

荀子

中解脱出来，转到全面地看问题。而全面看问题的方法，就是"兼陈中衡"，把各种不同流派的学术观点、事物矛盾的所有方面都陈列开来，加以比较权衡，然后做出评论或判断，权衡的准则是"道"。荀子认为，探求真理应当善于批判和比较不同学说中的不同观点，"兼权之，熟计之，然后定其欲恶去舍"。

（二）学以致专，贵在持之以恒

《荀子》第一章《劝学》的第一句话便是"学不可以已"，就是学习不允许间断或停止，这是荀子在总结学习经验中提出的科学论断。在具体指导学生的学习时，则要积微见著，积善成德，教导学生持之以恒。"不积跬步，无以至千里。不积小流，无以成江海。骐骥一跃，不能十步。驽马十驾，功在不舍。锲而舍之，朽木不折。锲而不舍，金石可镂。"（《荀子·劝学》）至今还被视为教育名言。

坚持是必要的，但目标要明确、方向应对头，决不能见异思迁。如果用心不专一，学习就不会有太多收获。对此，荀子有着精辟的论述："跬步而不休，跛鳖千里。累土而不辍，丘山崇成。厌其源，开其渎，江河可竭。一进一退，一左一右，六骥不致。"（《荀子·修身》）荀子的学习观，在我们今天的教育教学中仍然值得借鉴。

（三）尊师重道

荀子提出尊师重道、师道尊严以及"相观而善"的观摩思想，受到历代学者的推崇。

荀子的教育智慧

首先，荀子认为教师工作是崇高而伟大的政治职业，只有儒者和君子圣人才能承担；教师是以礼义来教化士农工商的职业政治文化工作者。因此，他特别强调教师的地位与作用。"天地者，生之本也；先祖者，类之本也；君师者，治之本也"。"天地君亲师是礼之本"，"礼者，所以正身也；师者，所以正礼也。无礼何以正身？无师，吾安知礼之为是也？"教师在国家的政治生活中拥有举足轻重的地位，因此他告诫统治者应当特别记住，"国将兴，必贵师而重傅，……国将衰，必贱师而轻傅"，是否重视教师，是关系到国家政治命运的一件大事，教师应当受到统治者的崇敬与信用。

荀子

其次，荀子十分强调教师的尊严，认为教师具有绝对的权威。"言而不称师，谓之畔，教而不称师，谓之倍。倍畔之人，明君不内（纳），朝士大夫遇诸途不与言"。又说，"非礼是无法也，非师是无师也"。教师是礼义的化身，必须要绝对服从，统治者决不能容许有人背叛、怀疑、非议教师，否则就要以刑法问罪。荀子进一步修正了孔子"当仁不让于师"的民主精神，把"尊严而惮"作为教师必备的条件之一，使教师成为统治阶级意志的体现者。

再次，对于教师的条件，荀子有着严格的要求。他说："师术有四，而博习不与焉。尊严而惮，可以为师；耆艾而信，可以为师；诵说而

中国古代教育智慧

荀子

不陵不犯，可以为师；知微而论，可以为师。故师术有四，而博习不与焉。"这是说，教师除了要拥有渊博的学问之外，还应当具备四个基本条件：一要有尊严的威信；二要有丰富的阅历和崇高的信仰；三要有讲授儒家经典的能力，能够根据教材的内在逻辑，循序渐进，诵说时有条有理，不凌不乱，而不是记问之学；四要能够精通细微的道理并加以发挥。

荀子认为教师在教学过程具有主导作用，这种主导作用表现为教师对教学内容、方法、手段的选择与采用的决定性作用上。深奥渊博的儒家经典只有经过教师的讲解与阐发，学生才能原原本本地理解与掌握。通过教师的教授与指点，可以大大缩短学习的过程。他说："人有师法而知，则速通。"因此，荀子要求学生隆师、亲师、尊师、忠师。荀子把教学或学习的过程具体化为闻、见、知、行四个环节，并把行看作是学习的最终目标。荀子认为，整个教学过程要包括知行的过程。他说："不闻不若闻之，闻之不若见之，见之不若知之，知之不若行之。学至于行之而止矣。……故闻之而不见，虽博必谬。见之而不知，虽识必妄。知之而不行，虽敦而困。"（《荀子·儒效》）教师传授的多半是书面知识，讲解以后需要指导学生进行实地观察。观察以后，要加以分析，使学生懂得道理，把听到的、见到的转化为自己学到的知识。有了知识，再用于实际，能够解决实际问题，这样才算完成了教学过程。反之，如果只闻不见，那么虽然是听到了很多东西，但一定会错误百出。如果只见不知，虽然见到的东西很多，但一定会闹出笑话来。如果只知不行，虽然知道的东西很多，却不能解决问题，只能成为一堆无用的知识。荀子提出的教学过程，完全符合人类的认识过程，是非常科学的。人类的认识过程，只有不断推进，才能不断提高认识的广度和深度。因此，学习也不能间断。

在教学的理论方面，荀子主张"外向"。他把学习解释为接触外界、掌握知识、见诸行为、以美其身。认为经过学习，掌握了知识，才能利用自然、改造自然。

荀子

（四）强调后天教育的必要性

他用"人无师法"和"人有师法"来说明为人的两种不同效果。"人无师法而知，则必为盗。勇，则必为贼。云能，则必为乱。察，则必为怪。辩，则必为诞。人有师法而知，则速通。勇，则速威。云能，则速成。察，则速尽。辩，则速论。故有师法者，人之大宝也。无师法者，人之大殃也。"（《荀子·儒效》）

人有师法和人无师法，其思想行为有如天壤之别，正是由于"今人之性，生而有好利

中国古代教育智慧

荀子

焉,顺是,故争夺生而辞让亡焉。生而有疾恶焉,顺是,故残贼生而忠信亡焉。生而有耳目之欲,有好声色焉,顺是,故淫乱而礼义文理亡焉。"(《荀子·性恶》)人的恶性决不能任其发展,必须要采用教育手段来改变它,引导人们走向正道。

第二部分 《荀子》的教育智慧

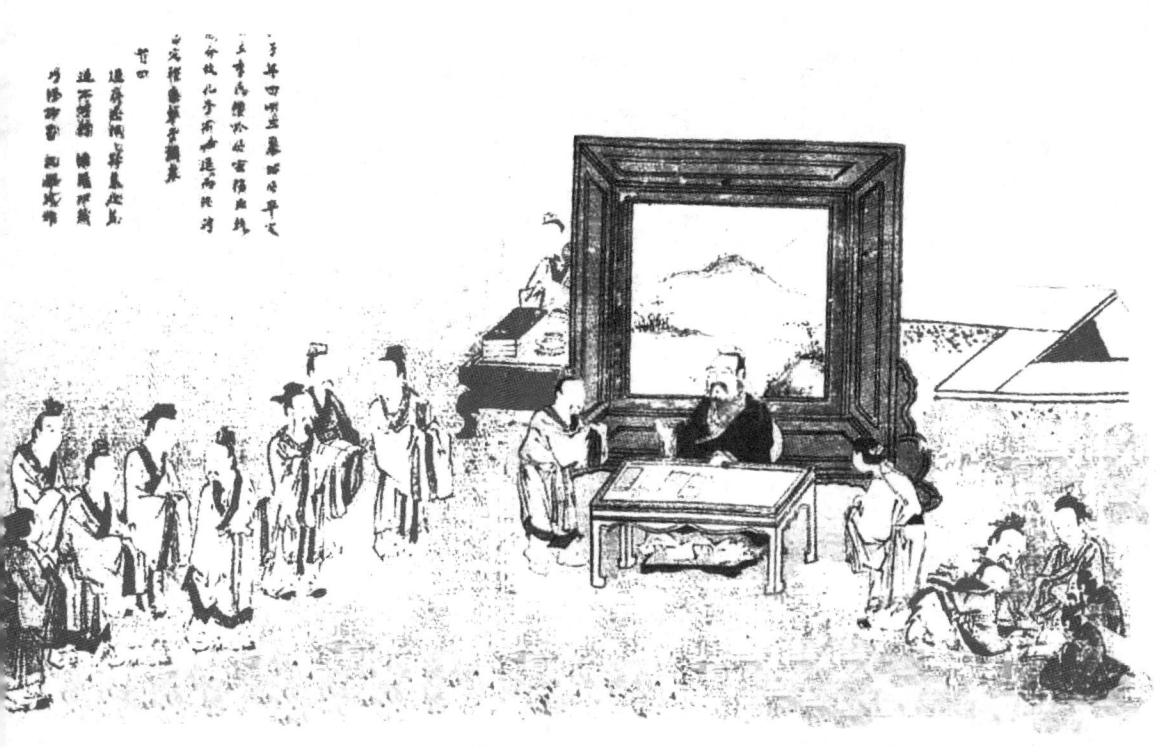

一、教育基本问题的主张

《荀子》主张性恶论,性恶论也成为荀子论述教育基本问题的理论基础。

《荀子》提出:"人的性恶明矣,其善者伪也"。它要求区分"性"与"伪"的不同,认为孟子主张人性善"是不及知人之性,而不察乎人之性伪之分者也。凡性者,天之就也,不可学,不可事。礼义者,圣人之所生也,人之所学而能,所事而成者也。不可学、不可事之在天者谓之性;可学而能、可事而成之在人者谓之伪;是性伪之分也"。又说:"性者,本始材朴也;伪者,文理隆盛也。"

总之,《荀子》认为,"性"是人天生的本能、人的自然素质;"伪"是人为的意思,指后天习得的礼义道德。《荀子》从其"明于天人之分"的唯物主义出发,在人性问题上强调区分自然的东西和人为的东西,否认人性中有先验的礼义道德根据,这是正确的。

既然"性"是人的天生本能、自然素质,那为什么又说人性恶呢?《荀子》解释说,这是因为人性中含有情感、物欲,"目好色、耳好声、口好味、心好利、骨体肤理好愉佚","饥而欲饱,寒而欲暖,劳而欲休";"从人之性,顺人之情,必出于争夺,合于犯分乱理,而归于暴";故曰"人性恶"。《荀子》把人物质方面的欲求当作人性恶的根据,认为

社会出现争夺动乱是人们追求物质利益的必然结果，包含有一定的合理因素，较之孟子的性善论有着更为深刻的内容。

但是性恶论同性善论一样，都混淆了人的自然性与社会性，不懂得在阶级社会中人的本性也就是人的社会性和阶级性，把不同阶级的不同物质欲望通通看成是恶的，鼓吹抽象的人性论，也就违背了唯物主义。

1. 教育对改造人性的作用

《荀子》从性恶论出发，提出"化性起伪"改恶迁善任务，对教育基本问题发表了深刻的见解。《荀子》说："性也者，吾所不能为也，然而可化也；积也者，非吾所有也，然而可为也。注错习俗，所以化性也。"这里所说的"积"（也叫"积靡"）和"注错习俗"（也叫"渐"）就是"伪"。《荀子》看到了客观环境对于人性发展的任用，说："干、越、夷、貉之子，生而同声，长而异俗，教使之然也"，所以君子"居必择乡"。《荀子》更重视教育的化性起伪作用，说："今人之性固无礼义，故强学而求有之也；性不知礼义，故思虑而求知之也"，教育使人"博学，积善而化性。"荀子对教育的定义肯定了教育对于改造人性的作用。

《荀子》提出性伪之分和化性起伪，论证了改造人性的必要性和教育的任务，这是和它的"天人相分""人定胜天"的唯物主义思想相一致的。《荀子》还提出性伪相合以"成圣人之名"，从而论证了改造人性的可能性和教育的机制,反映出它较为全面地把握了性伪之间既对立又统一的辩证关系。

《荀子》说:"无性则伪之无所加,无伪则性不能自美;性伪合,然后成圣人之名,一天下之功于是就也。"它把性伪看作是素质与加工的关系,认为"涂之人也,皆有可以知仁义法正之质,皆有可以能仁义法正之具"。因此,通过教育"涂之人可以为禹"!这不是说"涂之人"皆有"善端",而是说皆有知之质、能之具,即认知和行为的潜能。教育的机制即在充分利用和发挥人的潜能,在天生素质上予以加工。

2. 教育的社会政治作用

《荀子》从性恶论出发,提出了"明分使群"的社会起源说,认为人之所以异于禽兽并能役使其他动物的原因,就在于"人能群",能组成社会;而人类社会的根本法则是"分","群而无分则争,争则乱,乱则离,离则弱,弱则不能胜物";"分莫大于礼",因为人性恶多欲,"欲多而物寡,寡则必争","先王恶其乱也,故制礼义以分之"。

《荀子》的社会起源学说具有唯物主义因素,但是它把礼义法度归结为先王的创造,则是唯心论的。由此它提出封建国家必须要重视礼义教育,并辅之以刑罚,以实现"礼义之化"的"圣王之治"。"古者圣人以人之性恶,以为偏险而不正,悖乱而不治,故为之立君上之执以临之,明礼义以化之,起法正以治之,重刑罚以禁之,使天下皆出于治,合于善也。是

圣王之治而礼义之化也。"

礼义教育使"圣人明知之,士君子安行之,官人以守之,百姓以成俗"。如此则上下一致,思想统一,各安其分,不争不乱,社会安定,国家强盛。"教诲之,调一之,则兵劲城固,敌国不敢婴也。""明德慎罚,国家既治四海平。"这里有夸大教育作用的倾向,但是其指出教育对于统一人民思想、实现社会安定的意义对我们则是有启发的。

《荀子》还提出了"政教习俗,相顺而后行"的思想,认为只有在政治、教育与社会风气三者相统一的情况下,才能实现各自的最大和最佳作用,则是具有普遍意义的。

《荀子》把社会成员大体上划分为了三个不同等级类型,即圣人、中庸之人和元恶之人。圣人有生成的与学成的两种。天生的圣人制作礼义法度,用以修己治人,勘天胜物,化性起伪。中庸之人占据社会成员的绝大多数,他们能够学知礼义法度,是接受圣王教育的主要对象。教育的目的也就是从中庸之人中培养出"积文学,正身行,能属于礼义"的儒者、贤能之士,实际上是封建国家的官吏。《荀子》极力主张选贤任能,使德才兼备的人才成为"卿相士大夫",真正发挥出教育在国家政治中的作用。《荀子》又把儒者分为"俗儒""雅儒"和"大儒"三类。其中"大儒"能够"法后王,统礼义,一制度",是学成的圣人,这代表了新兴地主阶级对"内圣外王"

的要求。至于第三等的元恶之人则是有限的,他们不能接受礼义教化,只好终于性恶,因此只能用刑罚来严加管束。

为了培养儒者、大儒,《荀子》主张以儒家经典《诗》《书》《礼》《乐》《春秋》为教材,其中《礼》最为主要,是学习的核心内容。《劝学》篇说:"学恶乎始?恶乎终?曰:其数则始乎诵经,终乎读礼。《礼》者,法之大分,类之纲纪也;故学至乎《礼》而止矣。夫是之谓道德之极。"其次是《乐》。"乐也者,和之不可变者也;礼也者,理之不可易者也。乐和同,礼别异。"乐教是礼教的重要补充,礼乐配合才能培养出彻里彻外儒化的统治人才来。

中国古代教育智慧

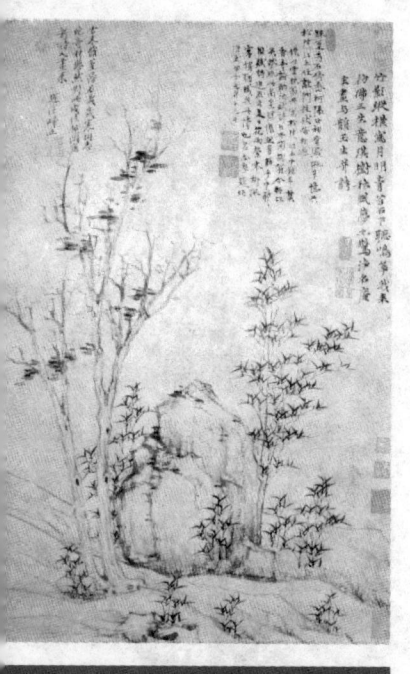

二、认识论与教学思想

《荀子》关于教学过程和教学原则、方法的思想，是建立在其唯物主义认识论的基础之上的，同时也闪烁着朴素辩证法的光辉。

1. "知行合一"

《荀子》认为教学过程同人的认识过程是一致的。首先是依赖感觉器官（"缘天官"）获得感性认识的阶段；在此基础上，要发挥心（"天君"）的"征知"作用，获得理性认识；进而付之于行（"学至于行而止矣。行之，明也"）《荀子》要求把学、思、行三者结合起来，"君子之学也，入乎耳，箸乎心，布乎四体，形乎动静"。

首先是"学"。《荀子》重视闻见之知，"不闻不若闻之，闻之不若见之"。它还要求"善假于物"，重视间接知识，学会利用前人已经积累起来的知识和工具。

"吾尝终日而思矣，不如须臾之所学也。"学是思的基础，思是学的深入，学思结合则知之明，学而不思则知不明。"学杂志，顺诗书"的人是俗儒、陋儒、散儒；而大儒则不但博学多能，而且还有超常的理性判断能力，"知类"而"信道"。

学贵致用，而不是为了向人炫耀。"行之，明也。知之而不行，虽敦必困。"通过行把所知同客观实际结合起来，才能检验所知，获得真正的知识和才能,即所谓"能有所合谓之能"。因此,《荀子》要求学习知识不仅要记在心中,更重要的是能够"坐而言,起而可设,张而可施行"。不过《荀子》所说的"行",并不是指社会实践,而主要是指个体的道德行为要符合社会规范。"学至于行"亦即"学至于礼",也就达到了"德之极"。

2. "兼陈中衡"

在思维和学习方法上,《荀子》要求"解蔽",意思是防止认识上的片面性,从片面性的局限中解脱出来,转到全面地看问题上来。

全面地看问题的方法就是"兼陈中衡",把不同观点和事物的所有方面都陈列开来,加以权衡比较,以做出正确的判断。"见其可欲也,则必前后虑其可恶也者;见其可利也,则必前后虑其可害也者;而兼权之,孰计之,然后定其欲恶取舍,如是,则常不失陷矣。"《荀子》要求看到事物的正反两个方面(可欲与可恶、利与害),并加以比较鉴别,发挥出理性思考的作用(兼权孰计),从而得出比较正确的结论来,是合乎认识辩证法的。

但是它又说权衡判断的标准是道,是礼义。"道者,古今之正权也。离道而内自择,则不知祸福之所托。""曷为中,礼义是也。"这就带有唯理论乃至唯心论的倾向了。

3. "虚壹而静"和"锲而不舍"

在学习态度上,《荀子》主张"虚壹而静""锲而不舍",经过不断量的积累,达

到"如蜕,幡然迁之",使学问、道德发生质的飞跃。

"虚壹而静"是要解决好"藏"(已有知识)与"虚"(虚心)的矛盾,防止先入为主和主观成见,始终抱着虚心的态度去积累新知识,扩大己之所藏;要解决好"两"(兼求两种或多种知识)与"壹"(专一)的矛盾,不分散精力,一段时期内专心于一种知识的学习,埋头钻研,锲而不舍,由约而博,由博返约;要解决好"动"(思维无序)与"静"(正常思维)的矛盾,不胡思乱想,要静下心来思考,以提高和丰富思维的能力。

《荀子》认为,只有正确处理好上述三方面的辩证关系,才算做到了"虚壹而静",达到了"大清明",亦是即在认识上完全达到透彻、无所偏蔽的境界。

三、关于道德教育思想

如前所述,《荀子》否认道德的先验性,认为礼义道德产生于人们合群的需要。但在具体论述时,却一再强调明贵贱,别同异,农商百工守本分而"不自以为寡",王公贵族禄天下而"不自以为多",这种"斩而齐,枉而顺,不同而一"即是礼义道德,这就鲜明地表现出了《荀子》所谓礼义道德的封建阶级性质。

同孔、孟相比较,《荀子》更多地讲礼治、礼义,又把礼与法联系起来,说:"非礼,是无法也","学也者,礼法也",表现了建立和维护封建专制统治的强烈愿望。

在道德教育和修养的原则上,《荀子》同孔孟思想有着许多相同之处。所不同者,乃是其新提出"公义"和"德操"概念,也是具有鲜明封建阶级性质的。

《荀子》认为,礼是最高层次的道德,也是根本的客观规律,因此是"公义",而个人和不同群体的物质欲望则是"私欲"。要教育人们树立"公义","以公义胜私欲",即以地主阶级国家的整体利益为最高原则,个人或局部的利益必须要服从于国家的整体利益。《荀子》说,一个人能"志忍私",就能成为一般的儒者;再进一步能"志安公,行安修,知通统类,如是则可谓大儒矣"。

注重"德操"的培养和训练,是《荀子》

道德教育的特点。德操是一种尽全尽粹尽善尽美的道德境界，具有德操的人才是"成人"。成人具有坚强的意志，"是故权利不能倾也，群众不能移也，天下不能荡也。生乎由是，死乎由是"。成人具有坚定的信念，能应付一切事变，万无一失，无不成就，所谓"德操然后能定，能定然后能应。能定能应，夫是之谓成人"。

德操不是人所固有的，而是经过后天努力学习、思考和修养，经过长期艰苦磨炼的结果。"君子知夫不全不粹之不足以为美也，故诵数以贯之，思索以通之，为其人以处之，除其害以持养之。使目非是无欲见也，使耳非是无欲闻也，使口非是无欲言也，使心非是无欲虑也。及至其致好之也，目好之五色，耳好之五声，口好之五味，心利之有天下。"

培养德操是"以心知道""心合于道"的过程，即学习客观外在的"道"，并使之内化为个体的道德情操的过程，而不是一味内烁内求所能获得的。

《荀子》所说的"道"，包括天道、人道，指的都是客观规律性的东西。道也常同礼义互用，"知道"也就是知礼义。因为在《荀子》看来，礼义虽是圣人制定的，但却是因为客观需要才产生的，因此是合乎道的。其实，礼义是封建等级制度和道德规范，同事物的客观规律是不能等同互换的。

《荀子》称礼义为道，其目的是使封建礼义

具有至高无上的地位。"以心知道"以培养德操，也就是培养具有高度理性自觉的封建伦理道德的完人。

第二部分 《荀子》选编

荀子的教育智慧

一、劝学篇

【原文】

君子①曰：学不可以已②。青，取之于蓝③而青于蓝；冰，水为之而寒于水。木直中绳，𫐓④以为轮，其曲中规，虽有⑤槁⑥暴⑦，不复挺者，𫐓使之然也。故木受绳则直，金就砺则利。君子博学而日参⑧省⑨乎己，则知明而行无过矣。

【注释】

①君子：指有道德的人。

②已：停止，终止。

③蓝：即蓼蓝，一年生草本植物，其叶经过发酵后可以提制深蓝色的有机染料靛蓝。

④𫐓：通"煣"，指用微火熏烤木料使它弯曲。

⑤有：通"又"。

⑥槁：烤。

⑦暴：古"曝"字，太阳晒。

⑧参：检验。

⑨省：反省。

【译文】

君子说：学习不可以停止的。靛青，是从蓼蓝中提取出来的，但比蓼蓝更青；冰，是水变成的，但比水还寒冷。木料笔直得合于墨线，但把它熏烤弯曲而做成车轮，它的弯曲度就与圆规画的相合，即使再烘烤暴晒，它也不再伸直了，这是熏烤弯曲使它这样的啊。所以

中国古代教育智慧

木料受到墨线的弹画校正才能取直,金属制成的刀剑在磨刀石上磨过才能锋利,君子广泛地学习而又能每天反省自己,就会聪明智慧,行为没有过错了。

【原文】

故不登高山,不知天之高也;不临深谿,不知地之厚也;不闻先王之遗言,不知学问之大也。干、越、夷、貉①之子,生而同声,长而异俗,教使之然也。《诗》②曰:"嗟尔君子,无恒安息。靖③共④尔位,好是正直。神之听之,介⑤尔景⑥福。"神莫大于化道,福莫长于无祸。

【注释】

①干、越、夷、貉:干,通"邗",古国名,在今江苏扬州东北,春秋时被吴国所灭而成为吴邑,此指代吴国。越,指春秋战国时期的越国。夷,我国古代居住在东部的民族。貉,通"貊",我国古代居住在东北部的民族。

②引诗见《诗·小雅·小明》。

③靖:安。

④共:通"供"。

⑤介:给予。

⑥景:大。

【译文】

所以不登上高高的山峰,就不知道天空的高远;不俯视深深的山谷,就不知道大地的深厚;没有听到前代圣明帝王的遗言,就不知道学问的渊博。吴国、越国、夷族、貉族的孩子,生下来啼哭的声音都相同,长大了习俗却不同,这是教化使他们这样的啊!《诗》云:"哎呀,你们君子啊!不要常常歇算息着。安心供奉你的职位,爱好正直行为。神仙知道了这些,就会给你大福气。"精神修养没有比融化于圣贤的道德更高的了,幸福没有比无灾无难更大的了。

【原文】

吾尝终日而思矣,不如须臾之所学也;吾尝跂①而望矣,不如登高之博见也。登高而招,臂非加长也,而见者远;顺风而呼,声非加疾也,而闻者彰。假②舆马者,非利足也,而致千里;假舟楫者,非能水也,而绝③江河。君子生④非异也,善假于物也⑤。

【注释】

①跂:通"企",踮起脚。

②假:凭借,借用。

③绝:渡过。

④生:通"性",指人的资质。

⑤这句喻指君子凭借向贤师益友学习来提高自己的修养。

【译文】

我曾经整天地思索,但不如学习片刻之所得;我曾经踮起脚跟瞭望,但不如登上高处所见之广阔。登上高处招手,手臂并没有加长,但远处的人能看得见;顺着风向呼喊,声音并没有加强,但听见的人觉得很清楚。凭借车马的人,并不是善于走路,却能到达千里之外;

凭借船、桨的人，并不是善于游泳，但能渡过江河。君子生性并非与人不同，只是善于凭借外物罢了。

【原文】

南方有鸟焉，名曰蒙鸠①。以羽为巢而编之以发，系之苇、苕②。风至苕折，卵破子死。巢非不完也，所系者然也。西方有木焉，名曰射干③，茎长四寸，生于高山之上而临百仞之渊；木茎非能长也，所立者然也。蓬生麻中，不扶而直。白沙在涅，与之俱黑④。兰槐之根是为芷⑤，其渐⑥之滫⑦，君子不近，庶人不服，其质非不美也，所渐者然也。故君子居必择乡，游必就士，所以防邪僻而近中正也。

【注释】

①蒙鸠：即鹪鹩，又称巧妇鸟，全身灰色，有斑，常取茅苇毛毳为巢。

②苕：芦苇的花穗。

③射干：又名乌扇，一种草本植物，根入药，茎细长，多生于山崖之间，形似树木，所以荀子称它为"木"，其实是一种草。

④《集解》无"白沙在涅与之俱黑"八字，据《尚书·洪范》"时人斯其惟皇之极"《正义》引文补。

⑤兰槐：香草名，又叫白芷，开白花，味香。古人称其苗为"兰"，称其根为"芷"。

⑥渐：浸泡。

⑦滫：淘米水，指臭水。

荀子的教育智慧

【译文】

南方有一种鸟,名叫蒙鸠,它用羽毛做窝,还用毛发把窝编结起来,把窝系在芦苇的花穗上,风吹来,苇穗折断,鸟蛋打破,小鸟摔死。它的窝不是不完善,是窝所系的地方使它这样的。西方有一种草,名叫射干,茎长四寸,生在高山之上,因而能俯临七百多尺的深渊。它的茎并非能长到这么高,是它所处的位置使它这样的。蓬草长在丛麻中,不去扶持它也挺直;雪白的沙子混在黑土中,就会和黑土一样黑。兰槐的根就是芷,如果用酸臭的脏水浸泡它,君子就不再接近它,百姓也不再佩带它。它的本质不是不美,而是因为被脏水浸泡的结果。所以君子居住时必须选择乡邻,外出交游时必须接近贤士,这是防止自己误入邪途而接近正道的方法。

【原文】

物类之起,必有所始。荣辱之来,必象其德。肉腐出虫,鱼枯生蠹。怠慢忘身,祸灾乃作。强自取柱①,柔自取束。邪秽在身,怨之所构②。施薪若一,火就燥也;平地若一,水就湿也。草木畴③生,禽兽群焉,物各从其类也。是故质的④张而弓矢至焉,林木茂而斧斤⑤至焉,树成阴而众鸟息焉,醯⑥酸而蚋⑦聚焉。故言有召祸也,行有招辱也,君子慎其所立乎⑧!

【注释】

①柱:通"祝",折断。

②构:集结,连结。

③畴:通"俦",同类。

④质的：质，箭靶。的，箭靶的中心。质的，箭靶。

⑤斤：斧子。

⑥醯：醋。

⑦蚋：飞虫名，属蚊类。

⑧君子慎其所立：君子对自己的立足之处要慎重。

【译文】

各种事物的发生，一定有它的起因。荣誉或耻辱的来临，必定与他的德行相应。肉腐烂了就生蛆，鱼枯死了就生虫。懈怠疏忽而忘记了自身，灾祸就会发生。刚强的东西自己招致折断，柔弱的东西自己招致约束。邪恶污秽的东西存在于自身，是怨恨集结的原因。铺开的柴草好像都一样，但火总是向干燥的柴草烧去；平整的土地好像都一样，但水总是向低湿的地方流去。草木按类生长，禽兽合群活动，万物都各自依附于它们的同类。所以箭靶一张设，弓箭就向这里射来了；森林的树木一茂盛，斧头就来这里砍伐了；树木一成荫，群鸟就来这里栖息了；醋一变酸，蚊子就汇集到这里了。所以说话有时会招来灾祸，做事有时会招致耻辱，君子要小心自己的立身行事啊！

【原文】

积土成山，风雨兴焉；积水成渊，蛟龙生焉；积善成德，而神明自得，圣心备焉。故不积跬步①，无以致千里；不积小流，无以成江海。骐骥一跃，不能十步②；驽马十驾③，功在不舍④。锲而舍之，朽木不折；锲而不舍，金石可镂。螾无爪牙之利，筋骨之强，上食埃土，下饮黄泉，用心一也。蟹六跪而二螯⑤，非蛇鳝之穴无可寄托者，用心躁也。是故无冥冥之志者无昭昭之明，无惛惛之事者⑥无赫赫之功。行衢道者不至，事两君者不容。目不能两视而明，耳不能两听而聪。螣蛇⑦无足而飞，鼫鼠⑧五技而穷。《诗》曰："尸鸠在桑，其子七兮。淑人君子，其仪⑨一兮。其仪一兮，心如结⑩兮。"故君子结于一也。

【注释】

①跬步：跬，行走时两脚之间的距离，等于现在所说的一步、古人所说的半步。步，古人说一步，指左右脚都向前迈一次的距离，等于现在的两步。

②步：长度单位，六尺为步。

③驾：古代马拉车时，早晨套上车，晚上卸去。套车叫驾，所以这里用"驾"指代马车一天的行程。十驾，套十次车，指十天的行程，此指千里的路程。

④舍：舍弃，指不放弃行路。

⑤蟹六跪而二螯：跪，脚。螯，螃蟹等节肢动物身前的大爪，形如钳。

⑥冥冥、昭昭、惛惛：冥冥、惛惛，昏暗不明的样子，形容专心致志、埋头苦干。昭昭，明白的样子。

⑦螣蛇：古代传说中一种能穿云驾雾的蛇。

⑧鼫鼠：原作"梧鼠"，据《大戴礼

荀子的教育智慧

记·劝学》改。它能飞但不能飞上屋面,能爬树但不能爬到树梢,能游泳但不能渡过山谷,能挖洞但不能藏身,能奔跑但不能追过人,所以说它"五技而穷"。

⑨仪:通"义"。

⑩结:结聚不散开,比喻专心一致、坚定不移。

【译文】

积聚泥土成了高山,风雨就会在那里兴起;积蓄水流成了深潭,蛟龙就会在那里生长;积累善行成了有道德的人,自会心智澄明,而圣人的思想境界也就具备了。所以不积累起一步两步,就无法到达千里之外;不汇积细小的溪流,就不能成为江海。骏马一跃,不会满六丈;劣马跑十天也能跑完千里的路程,它的成功在于不停地奔跑。雕刻东西,如果刻一下就把它放在一边,那就是腐烂的木头也不能刻断;如果不停地刻下去,那么金属和石头都能雕空。蚯蚓没有锋利的爪子和牙齿,也没有强壮的筋骨,但它能吃到地上的尘土,喝到地下的泉水,这是因为它用心专一;螃蟹有八只脚两只螯,但如果没有蛇、鳝的洞穴,就无处栖身,这是因为它用心浮躁。所以,没有潜心钻研的精神,就不会有洞察一切的聪明;没有默默无闻的工作,就不会有显赫卓著的功绩。徘徊于歧路的人到不了目的地,同时侍奉两个君主的人不能被双方所接受。眼睛不能同时看两个东西而全都看清楚,耳朵不能同时听两种声音而全都听明白。螣蛇没有脚却能飞行,鼫鼠有五种技能却陷于困境。《诗》云:"布谷鸟住在桑树上,七只小鸟它喂养。那些善人君子啊,坚持道义一个样。坚持道义专一,思想就像打了结。"所以君子学习时总是把精神集中在一点上。

【原文】

昔者瓠巴①鼓瑟而流鱼②出听,伯牙③鼓琴而六马④仰秣⑤。故声无小而不闻,行无隐而不形。玉在山而草木润,渊生珠而崖⑥不枯。为善不积邪⑦,安有不闻者乎?

【注释】

①瓠巴:楚国人,善于弹瑟。

②流鱼:《大戴礼记》作"沉鱼"。

③伯牙:古代善于弹琴的人。

④六马:古代天子之车驾用六匹马拉,此指拉车之马。

⑤仰秣:《淮南子·说山训》高诱注:"仰秣,仰头吹吐,谓马笑也。"一说"秣"通"末",头。

⑥崖:岸边。

⑦邪:通"耶",疑问语气词。

【译文】

从前瓠巴一弹瑟,沉没在水底的鱼都浮出水面来听;伯牙一弹琴,拉车的六匹马都抬起头来咧着嘴听。所以声音没有小得听不见的,行动没有隐蔽得不显露的。宝玉蕴藏在山中,山上的草木都会滋润;深潭里生了珍珠,潭岸

中国古代教育智慧

就不显得干枯。是不能坚持做好事因而善行没有积累起来吧！否则，哪有不被人知道的呢？

【原文】

学恶乎始？恶乎终？曰：其数①则始乎诵经，终乎读礼②；其义则始乎为士，终乎为圣人。真积力久则入，学至乎没③而后止也。故学数有终，若其义则不可须臾舍也。为之，人也；舍之，禽兽也。故《书》④者，政事之纪也；《诗》⑤者，中声⑥之所止也；《礼》者，法之大分，类之纲纪也；故学至乎《礼》而止矣，夫是之谓道德之极。《礼》之敬文⑦也，《乐》⑧之中和也，《诗》《书》之博也，《春秋》⑨之微⑩也，在天地之间者毕矣。

【注释】

①数：数术，即方法、办法。

②礼：即《礼》，汉代称为《礼经》，是春秋战国时代一部分礼制的汇编。梁、陈以后称为《仪礼》。今传十七篇，通行本有《十三经注疏》本。

③没：通"殁"，死。

④《书》：《尚书》，汉以后又称《书经》，是上古历史文献的汇编。

⑤《诗》：汉以后又称《诗经》，是我国现存最早的一部诗歌总集。

⑥中声：中和之声。《诗》本是入乐的，故有中声之说。

⑦文：文采，花纹，引申指表现义的礼仪制度，如表示等级制度的车制、旗章、服饰、

各种礼节仪式等。《韩非子·解老》:"礼者,义之文也。"

⑧《乐》:《乐经》,六经之一,据说它是附于《诗经》的一种乐谱,亡于秦。

⑨《春秋》:春秋时鲁国史官记载当时史事的编年史,相传孔子曾修订过。

⑩微:精深隐微,此指微言大义的《春秋》笔法。孔子删订《春秋》时,通过隐微精深的语言来隐喻对于人事的褒贬。

【译文】

学习从哪里开始?到哪里终结?答案是:应当以诵读经文为起始,以研究礼法为目的。学习的意义,是从做一个读书人开始,到成为圣人为止。诚心积累,长期努力,就能深入,学到老死然后才停止。所以从学习的科目来说,是有尽头的;但如果从学习的意义来说,那么学习是片刻也不能丢的。致力于学习,就成为人;放弃学习,就成了禽兽。《尚书》,是政事的记载;《诗》,是心声的归结;《礼》,是行为规范的要领、具体准则的总纲。所以学到《礼》就到头了,这可以叫作达到了道德的顶点。《礼》的肃敬而有文饰,《乐》的中正而又和谐,《诗》《书》的内容渊博,《春秋》的词意隐微,存在于天地之间的道理都包括在这些典籍中了。

【原文】

君子之学也,入乎耳,箸①乎心,布②乎四体③,形乎动静。端④而言,蠕⑤而动,一可以

荀子的教育智慧

中国古代教育智慧

为法则。小人之学也，入乎耳，出乎口。口耳之间则⑥四寸耳，曷足以美七尺之躯哉！古之学者为己，今之学者为人。君子之学也，以美其身；小人之学也，以为禽犊。故不问而告谓之傲⑦，问一而告二谓之囋。傲，非也；囋⑧，非也；君子如向⑨矣。

【注释】

①箸：通"著"，附着。

②布：分布。

③四体：四肢。

④端：通"喘"，微言。

⑤蝡：微动。

⑥则：才。

⑦傲：急躁。

⑧囋：多言，语声繁碎的样子。

⑨向：通"响"，回响。即所谓"善待问者如撞钟，小叩小鸣，大叩大鸣，不叩不鸣"。

【译文】

君子的学习，有益的东西进入耳中，记在心中，贯彻到全身，表现在举止上，所以他稍微说一句话，稍微动一动，都可以成为别人效法的榜样。小人的学习，只是从耳中听进去，从口中说出来。口、耳之间只不过四寸罢了，怎么能够靠它来完美七尺长的身躯呢？古代的学者学习是为了提高自己，现在的学者学习是为了给别人看。君子的学习，是用它来完美自己的身心；小人的学习，只是把学问当作家禽、小牛之类的礼物去讨别人的好评。所以别人没问就去告诉的叫作急躁,别人问一件事而告诉两件事的叫作唠叨。急躁,是不对的;唠叨,也是不对的;君子回答别人,就当如钟的回响,问什么答什么。

【原文】

学莫便乎近其人。《礼》《乐》法而不说,《诗》《书》故而不切,《春秋》约而不速。方①其人之习君子之说,则尊以②遍矣,周于世矣。故曰:学莫便乎近其人。

【注释】

①方:通"仿",仿效。

②以:而。

【译文】

学习没有比接近贤师更便利的了。《礼》《乐》记载法度而未加详细解说,《诗》《书》记载旧事而不切近现实,《春秋》文简辞约而不易迅速理解。仿效贤师而学习君子的学说,那就能养成崇高的品德并获得广博的知识,也能通晓世事了。所以说:学习没有比接近那理想的良师益友更便利的了。

【原文】

学之经①莫速乎好其人,隆礼次之。上不能好其人,下不能隆礼,安②特③将学杂识志,顺《诗》《书》而已耳,则末世穷年,不免为陋儒而已。将原先王,本仁义,则礼正其经纬④蹊径⑤也。若挈裘领,诎⑥五指而顿⑦之,顺者不可胜数也。不道礼宪,以《诗》《书》为之,譬

荀子的教育智慧

之犹以指测河也,以戈舂黍也,以锥餐壶也,不可以得之矣。故隆礼,虽未明,法士也;不隆礼,虽察辩,散儒也。

【注释】

①经:通"径",道也。

②安:语助词,此处解作"则"。

③特:但,也。

④经纬:纵横的道路,南北向的叫经,东西向的叫纬,这里指四通八达。

⑤蹊径:小路,此指途径。

⑥诎:通"屈",弯曲。

⑦顿:上下抖动而使整齐。

【译文】

学习的途径没有比心悦诚服地受教于贤师更迅速有效的了,尊崇礼仪就比它差一等。如果上不能对贤师忠心悦服,下不能尊崇礼仪,而只学些杂乱的知识、读通《诗》《书》,那么直到老死,也不过是个学识浅陋的书生罢了!至于想要追溯先王的道德,寻求仁义的根本,那么遵行礼法正是那四通八达的途径。这就好像提起皮衣的领子,然后弯着五个手指去抖动它一样,那数不清的裘毛就全理顺了。不遵行礼法,而只是依《诗》《书》来立身行事,将它打个比方来说,就像用手指去测量河流的深浅,用长戈去舂捣黍子,用锥子代替筷子到饭壶中吃饭一样,是不可能达到目的的。所以尊崇礼仪,即使对其精义领会得还不够透彻,不失为一个崇尚礼法的士人;不尊崇礼仪,即使明察善辩,终究也是不守礼法的儒士。

【原文】

问楛①者勿告也，告楛者勿问也；说楛者勿听也，有争气者勿与辩也。故必由其道至，然后接之，非其道则避之。故礼恭而后可与言道之方；辞顺而后可与言道之理；色从而后可与言道之致。故未可与言而言谓之傲，可与言而不言谓之隐，不观气色而言谓之瞽。故君子不傲，不隐，不瞽，谨顺其身。《诗》曰："匪②交③匪舒，天子所予④。"此之谓也。

【注释】

①楛：恶也。荀子这里说的"恶"指的是与礼无关者。

②匪：通"非"，不。

③交：急迫。

④予：通"与"，赞许。

【译文】

问粗野恶劣之事的人，就不要告诉他；告诉你粗野恶劣之事的人，就不要去问他；谈论粗野恶劣之事的人，就不要去听他；有争强好胜脾气的人，就不要和他争辩。所以，必须遵循礼义之道来请教，然后才接待他；如果他不合乎礼义之道，就回避他。所以请教的人礼貌恭敬，然后才可以和他谈论有关道的学习方法；他说话和顺，然后才可以和他谈论有关道的具体内容；他的面色流露出谦虚顺从，然后才可以和他谈论有关道的最精深的义蕴。所以不可以跟他说却说了，叫作急躁；可以跟他说却

不说，叫作隐瞒；不观察对方的气色就和他说了，叫作盲目。所以君子不急躁、不隐瞒、不盲目，谨慎地顺着那说话的对象来发言。《诗》云："不急迫，不急慢，就会受到天子的赏赐。"说的就是这种情况。

【原文】

百发失一，不足谓善射。千里跬步不至，不足谓善御。伦类①不通，仁义不一，不足谓善学。学也者，固学一之也。一出焉，一入焉，涂②巷之人也。其善者少，不善者多，桀③、纣④、盗跖⑤也。全之尽之，然后学者也。君子知夫不全不粹之不足以为美也，故诵数⑥以贯之，思索以通之，为其人以处之，除其害者以持养⑦之，使目非是无欲见也，使耳非是无欲闻也，使口非是无欲言也，使心非是无欲虑也。及至其致好之也，目好之五色，耳好之五声，口好之五味，心利⑧之有天下。是故权利不能倾也，群众不能移也，天下不能荡也。生乎由是，死乎由是，夫是之谓德操。德操然后能定，能定然后能应。能定能应，夫是之谓成人。天见其明，地见⑨其光⑩，君子贵其全也。

【注释】

①类：法。参见《方言》《广雅》。

②涂：通"途"，道路。

③桀：名履癸，夏朝末代君王，传说中的暴君。

④纣：一作"受"，也称"帝辛"，商朝

末代君王,传说中的暴君。

⑤跖:传说中的春秋战国之人,传统的典籍中都把他当作是贪婪的典型,称他为"盗跖"。

⑥诵数:反复诵读。

⑦持养:保养,维持。

⑧利:贪。

⑨见:通"现"。

⑩光:通"广"。

【译文】

射出一百支箭,只要有一支没有射中,就不能称之为善于射箭。赶一千里路程,即使还有一两步没能走完,就不能称之为善于驾车。伦理规范不能贯通,仁义之道不能一心一意地奉行,就不能称之为善于学习。学习,本来就是要一心一意地坚持下去。一会儿不学习,一会儿学习,那是市井中的普通人了。好的行为少,不好的行为多,那就成了夏桀、商纣、盗跖那样的坏人;全面地了解伦理规范与仁义之道,又完全地遵奉它,这才是个真正的学者。君子知道学习礼义不全面不纯粹是不能够称之为完美的,所以诵读群书以求融会贯通,思考探索以求领会通晓,效法良师益友来实践它,去掉自己有害的作风来保养它;使自己的眼睛不是正确的东西就不想看,使自己的耳朵不是正确的东西就不想听,使自己的嘴巴不是正确的东西就不想说,使自己的脑子不是正确的东西就不想考虑。等到了那极其爱好礼义的时候,就好像眼睛喜爱青、黄、赤、白、黑

荀子的教育智慧

五种颜色，耳朵喜欢宫、商、角、徵、羽五种音调，嘴巴喜欢甜、咸、酸、苦、辣五种味道，心里贪图拥有天下一样。因此权势利禄不能够使他倾倒，人多势众不能够使他变心，整个天下不能够使他动摇。活着遵循这礼义，就是死也是为了遵循这礼义，这就叫作道德操守。有了这样的道德操守，然后才能站稳脚跟；能够站稳脚跟，然后才能应付各种复杂的情况。能够站稳脚跟，又能够应付各种情况，这就叫作成熟完美的人。天显现出它的明亮，地显现出它的广阔，君子所贵就在其全啊。

【故事】

陶渊明劝学

陶渊明是晋代著名的大诗人。他不为"五斗米"而折腰，辞去彭泽令退居田园后，就过着自耕自种、饮酒赋诗的恬淡生活。

相传，一天，邻家有个少年前来向他求教称："陶先生，我十分敬佩您渊博的学识，很想知道您少年时读书的妙法，敬请传授，晚辈不胜感激。"

陶渊明听后，大笑道："天下哪有学习的妙法？只有笨法，全靠下苦功夫，勤学则进，辍学则退！"

陶渊明见少年并不懂他的意思，便拉着他的手来到所种的稻田旁，指着一根苗说："你蹲在这儿，仔细看看，然后告诉我它是否在长高？"

那少年遵嘱注视了很久，仍不见禾苗往上长，便站起来对陶渊明说："没见长啊！"

陶渊明反问道："真的没见长吗？那么，矮小的禾苗是怎样变得这么高的呢？"

陶渊明见少年低头不语，便进一步引导说："其实，它时刻都在生长，只是我们肉眼看不到罢了。读书学习，也是一样的道理，知识是一点一滴积累的，有时连自己也不易觉察到，但只要勤学不辍，就会积少成多。"

接着，陶渊明又指着溪边的一块磨刀石问少年："那块磨刀石为何有像马鞍一样的凹面呢？"

"那是磨成这样的。"少年随口答道。

"那它究竟是哪一天磨成这样的呢？"少年摇摇头。

陶渊明说："这是我们大家天天在上面磨刀、磨镰，日复一日、年复一年，才成为这样的。学习也是如此，如果不坚持读书，每天都会有所亏欠啊！"

少年恍然大悟，连忙再向陶渊明行了个大礼说："多谢先生指教，学生再也不去求什么妙法了，请先生为我留几句话，我当时时刻刻记在心上。"

陶渊明欣然命笔，写道：

勤学如春起之苗，

不见其增，

日有所长；

辍学如磨刀之石，

陶渊明

陶渊明（365年—427年），字元亮，别号五柳先生。东晋浔阳柴桑（今九江市）人。其作品感情真挚、朴素自然，有时流露出逃避现实、乐天知命的老庄思想，有"田园诗人"之称。

中国古代教育智慧

陶渊明

不见其损，

日有所亏。

此后，少年谨记陶渊明的教诲，每日笔耕不辍，终于成为了一位大学问家。

荀子的教育智慧

二、修身篇

【原文】

见善，修然①必以自存②也；见不善，愀然③必以自省也。善在身，介然④必以自好也；不善在身，菑⑤然必以自恶也。故非我而当者，吾师也；是我而当者，吾友也；谄谀我者，吾贼也。故君子隆师而亲友，以致恶其贼。好善无厌，受谏而能诫，虽欲无进，得乎哉！小人反是，致乱而恶人之非己也，致不肖，而欲人之贤己也，心如虎狼、行如禽兽而又恶人之贼己也。谄谀者亲，谏争者疏，修正为笑，至忠为贼，虽欲无灭亡，得乎哉！《诗》曰："噏噏呰呰⑥，亦孔⑦之哀。谋之其臧，则具是违；谋之不臧，则具是依。"此之谓也。

【注释】

①修然：整饬的样子。
②存：察，审查。
③愀然：忧惧的样子。
④介然：坚固的样子。
⑤菑：通"灾"，害。
⑥噏噏呰呰：噏噏，同"吸吸"，吸取。呰呰，通"訾訾"，诋毁。
⑦孔：甚，很。

【译文】

看到善良的行为，一定要一丝不苟地拿它来

对照自己；看到不好的行为，一定要心怀恐惧地拿它来反省自己；善良的品行在自己身上，一定因此而坚定不移地爱好自己；不良的品行在自己身上，一定因此而被害似的痛恨自己。所以指责我而指责得恰当的人，就是我的老师；赞同我而赞同得恰当的人，就是我的朋友；阿谀奉承我的人，就是害我的贼人。君子尊崇老师、亲近朋友，而极端憎恨那些贼人；爱好善良的品行永不满足，受到劝告就能警惕，那么即使不想进步，可能吗？小人则与此相反，自己极其昏乱，却还憎恨别人对自己的责备；自己极其无能，却要别人说自己贤能；自己的心地像虎狼，行为像禽兽，却又恨别人指出其罪恶；对阿谀奉承自己的就亲近，对规劝自己改正错误的就疏远，把善良正直的话当作对自己的讥笑，把极端忠诚的行为看成是对自己的戕害，这样的人即使想不灭亡，可能吗？《诗》云："乱加吸取乱诋毁，实在令人很可悲。谋划本来很完美，偏偏把它都违背；谋划本来并不好，反而拿来都依照。"说的就是这种小人。

【原文】

扁善之度①，以治气养生则后②彭祖③；以修身自名则配尧④、禹⑤。宜于时⑥通，利以处穷，礼信⑦是也。凡用血气、志意、知虑，由礼则治通，不由礼则勃⑧乱提僈⑨；食饮、衣服、居处、动静，由礼则和节，不由礼则触陷生疾；容貌、态度、进退、趋行，由礼则雅，不由礼则夷固僻违、庸众而野。故人无礼则不生，事无礼则不成，国家无礼则不宁。《诗》曰："礼仪卒度，笑语卒获⑩。"此之谓也。

【注释】

①扁：通"遍"。扁善之度，指遵循礼法则无所往而不善。

②后：这里是追随的意思。

③彭祖：尧封之于彭城，传说他经历了虞、夏、商、周四朝，活了八百岁。

④尧：陶唐氏，名放勋，上古五帝之一，传说中的贤君。

⑤禹：传说中的贤君，夏后氏部落的首领，夏王朝的创始者。

⑥时：处。

⑦信：真，确实。

⑧勃：通"悖"。

⑨提僈：提，通"偍""媞"，舒缓。僈，通"慢"。

⑩获：得当。

【译文】

使人无往而不善的是以礼为法度，用以调气养生，就能使自己的寿命仅次于彭祖；用以修身自强，就能使自己的名声和尧、禹相媲美。礼义才真正是既适宜于显达时立身处世，又有利于穷困中立身处世。大凡在动用感情、意志、思虑的时候，遵循礼义就和顺通达，不遵循礼义就颠倒错乱、懈怠散慢；在吃喝、穿衣、居住、活动或休息的时候，遵循礼义就谐

荀子的教育智慧

中国古代教育智慧

调适当,不遵循礼义就会触犯禁忌而生病;在容貌、态度、进退、行走方面,遵循礼义就显得文雅,不遵循礼义就显得鄙陋邪僻、庸俗粗野。所以人没有礼义就不能生存,事情没有礼义就不能办成,国家没有礼义就不得安宁。《诗》云:"礼仪全都符合法度,一言一笑就都合时务。"说的就是这种情况。

【原文】

以善先人者谓之教,以善和人者谓之顺;以不善先人者谓之谄,以不善和人者谓之谀。是是、非非谓之知,非是、是非谓之愚。伤良曰谗,害良曰贼。是谓是,非谓非曰直。窃货曰盗,匿行曰诈,易言曰诞,趣舍①无定谓之无常,保利弃义谓之至贼。多闻曰博,少闻曰浅。多见曰闲②,少见曰陋。难进曰偍③,易忘曰漏。少而理曰治,多而乱曰秏④。

【注释】

①趣舍:取舍。趣,通"取"。

②闲:娴雅。

③偍:迟缓。

④秏:昏乱。

【译文】

用善良的言行来引导别人的叫作教导,用善良的言行来附和别人的叫作顺应;用不良的言行来引导别人的叫作谄媚,用不良的言行来附和别人的叫作阿谀。以是为是、以非为非的叫作明智,以是为非、以非为是的叫作愚蠢。中伤贤良叫作谗毁,陷害贤良叫作残害。

对的就说对、错的就说错叫作正直。偷窃财物叫作盗窃，隐瞒自己的行为叫作欺诈，轻易乱说叫作荒诞，进取或退止没有个定规叫作反复无常，为了保住利益而背信弃义的叫作大贼。听到的东西多叫作渊博，听到的东西少叫作浅薄。见到的东西多叫作开阔，见到的东西少叫作鄙陋。难以进展叫作迟缓，容易忘记叫作遗漏。措施简少而有条理叫作政治清明，措施繁多而混乱叫作昏乱不明。

【原文】

治气养心之术：血气刚强，则柔之以调和；知①虑渐深②，则一之以易良；勇胆猛戾，则辅之以道顺③；齐给便利④，则节之以动止；狭隘褊小，则廓之以广大；卑湿、重迟、贪利，则抗⑤之以高志；庸众驽散，则劫之以师友；怠慢僄⑥弃，则炤⑦之以祸灾；愚款端悫，则合之以礼乐，通之以思索。凡治气养心之术，莫径由礼，莫要得师，莫神一好。夫是之谓治气养心之术也。

【注释】

①知：通"智"。

②渐深：渐，与"良"相对。渐深，有胸怀不坦荡、城府太深意。

③道顺：导训。道，引导。顺，通"训"。

④齐给便利：都是快捷、不慎重的意思。

⑤抗：举，提高。

⑥僄：轻薄。

荀子的教育智慧

⑦炤：通"照"，明显告之的意思。

【译文】

理气养心的方法是：对血气刚强的，就用心平气和来柔化他；对思虑过于深沉的，就用坦率善良来同化他；对勇敢大胆凶猛暴戾的，就用不可越轨的道理来帮助他；对行动轻易急速的，就用举止安静来节制他；对胸怀狭隘气量小的，就用宽宏大量来扩展他；对卑下迟钝贪图利益的，就用高尚的志向来提高他；对庸俗平凡低能散漫的，就用良师益友来管教他；对怠慢轻浮自暴自弃的，就用将会招致的灾祸来提醒他；对愚钝朴实端庄拘谨的，就用礼制音乐来协调他，用思考探索来开通他。大凡理气养心的方法，没有比遵循礼义更直接的了，没有比得到良师更重要的了，没有比一心一意地爱好善行更神妙的了。这就是理气养心的方法。

【原文】

志意修则骄富贵，道义重则轻王公，内省而外物轻矣。传曰："君子役物，小人役于物。"此之谓矣。身劳而心安，为之；利少而义多，为之。事乱君而通，不如事穷君而顺焉。故良农不为水旱不耕，良贾不为折①阅②不市，士君子不为贫穷怠乎道。

【注释】

①折：亏损。

②阅：卖。

【译文】

志向美好就能傲视富贵，把道义看得重

就能藐视天子、诸侯;内心反省注重了,那么身外之物就微不足道了。古书上说:"君子役使外物,小人被外物所役使。"说的就是这个道理啊。身体劳累而心安理得的事,就做它;利益少而道义多的事,就做它;侍奉昏乱的君主而显贵,不如侍奉陷于困境的君主而顺行道义。所以优秀的农夫不因为遭到水灾旱灾就不耕种,优秀的商人不因为亏损而不做买卖,有志操和学问的人不因为贫穷困厄而怠慢道义。

【原文】

体恭敬而心忠信,术①礼义而情爱人,横行②天下,虽困四夷,人莫不贵。劳苦之事则争先,饶乐之事则能让,端悫诚信,拘守而详,横行天下,虽困四夷,人莫不任。体倨固而心势诈,术顺③、墨而精杂污,横行天下,虽达四方,人莫不贱。劳苦之事则偷儒④转脱,饶乐之事则佞兑⑤而不曲⑥,辟违⑦而不悫,程役⑧而不录⑨,横行天下,虽达四方,人莫不弃。

【注释】

①术:通"述",遵循。

②横行:广行。

③顺:当作"慎",指慎到,战国中期赵国人,主张法治、势治,是一个由黄老学派演变而来的早期法家人物。

④偷儒:儒,通"懦",指怕事。偷儒,苟且偷安,懒惰。

⑤佞兑:佞,口齿伶俐。此指施展口才不顾一切地争抢。兑,通"锐",锐利,也指口

齿伶俐。

⑥不曲：不转弯。指毫不谦让地直取之。

⑦辟违：辟，通"僻"，邪恶。违，邪恶。

⑧程役：通"逞欲"。

⑨录：检束。

【译文】

外貌恭敬而内心忠诚，遵循礼义而又有爱人的情感，这样的人走遍天下，即使被困厄在四方的少数民族地区，人们也没有不尊重他们的；劳累辛苦的事就抢先去做，有利享乐的事却能让给别人，端庄谨慎忠诚老实，谨守礼法而明察事理，这样的人走遍天下，即使被困厄在四方的少数民族地区，人们也没有不信任他们的。外貌骄傲固执而内心狭猾诡诈，遵循慎到、墨翟的一套而精神驳杂污秽，这样的人走遍天下，即使不论到什么地方都飞黄腾达，人们也没有不卑视他们的；劳累辛苦的事就偷懒怕事，转身逃脱，有利享乐的事就施展快嘴利舌去争抢而不退缩，邪僻恶劣而不拘谨，放纵自己的欲望而不检束，这样的人走遍天下，即使不论到什么地方都飞黄腾达，人们也没有不厌弃他们的。

【原文】

行而供翼①，非渍淖也；行而俯项，非击戾②也；偶视③而先俯，非恐惧也。然夫士欲独修其身，不以得罪于比俗之人也。

【注释】

①供翼：供，通"恭"。翼，当作

"翼",敬。

②击戾:碰撞着东西。

③偶视:两人同视,对视。

【译文】

走路时恭恭敬敬,不是因为怕沾染烂泥;走路时低下头颈,不是因为怕触撞了什么;与别人对视而先低下头,不是因为害怕对方。这样看来,那些读书人只是想独自修养自己的身心,不是怕得罪这些世俗的人们啊。

【原文】

夫骥一日而千里,驽马十驾则亦及之矣。将以穷无穷逐无极与?其折骨绝筋,终身不可以相及也;将有所止之,则千里虽远,亦或迟或速、或先或后,胡为乎其不可以相及也?不识步道者,将以穷无穷逐无极与?意①亦有所止之与?夫"坚白"②"同异"③"有厚无厚"④之察,非不察也,然而君子不辩,止之也。倚魁⑤之行,非不难也,然而君子不行,止之也。故学曰:"迟彼止而待我,我行而就之,则亦或迟、或速、或先、或后,胡为乎其不可以同至也?"故跬步而不休,跛鳖千里;累土而不辍,丘山崇⑥成。厌⑦其源,开其渎,江河可竭;一进一退,一左一右,六骥不致。彼人之才性之相县⑧也,岂若跛鳖之与六骥足哉?然而跛鳖致之,六骥不致,是无他故焉,或为之,或不为尔!道虽迩,不行不至;事虽小,不为不成。其为人也多暇日⑨者,其出入⑩不远矣。

【注释】

①意：同"抑"，选择连词，还是。

②坚白：指石头的坚硬和白色两种属性。是战国时争论的一个重要命题。以名家公孙龙为代表的"离坚白"论者认为"坚"和"白"两种属性是各自独立、互相分离的，因为眼睛看到"白"而看不出"坚"，手摸到"坚"而不能感知"白"。而后期墨家由主张"坚白相盈"，认为"坚"和"白"不能离开具体的石头而独立存在。参见《公孙龙子·坚白论》以及《墨子》的《经上》《经说上》《经说下》。

③同异：是战国时名家惠施的论题。他认为事物的同异是相对的。具体的事物之间有"小同""小异"，而从宇宙万物的总体来看，万物又莫不"毕同""毕异"。参见《庄子·天下》。

④有厚无厚：也是惠施提出的哲学命题。他说："无厚不可积也，其大千里。"认为平面从厚（体积）来说是无，但面积仍可大至千里，见《庄子·天下》。一说"有厚无厚"是春秋时邓析的论题，见《邓析子·无厚篇》。

⑤倚魁：通"奇傀"，奇怪。

⑥祟：通"终"，最终。

⑦厌：通"压"，堵塞。

⑧县：通"悬"，悬殊。

⑨多暇日：指怠惰。

⑩出入：意思难通，依王念孙解作"出人"。

荀子的教育智慧

【译文】

那骏马一天能跑千里，劣马走十天也就能达到了。但如果要去走尽没有穷尽的路途、赶那无限的行程，那么劣马就是跑断了骨头、走断了脚筋，一辈子也是不可能赶上骏马的。所以如果有个终点，那么千里的路程虽然很远，也不过是有的走得慢一点、有的跑得快一点、有的先到一些、有的后到一些，为什么不能达到这个终点呢？不知道那走在人生道路上的人是要穷尽那无穷的东西、追求那无限的目标呢、还是也有个止境呢？那些对"坚白""同异""有厚无厚"等命题的考察分析，不是不明察，然而君子不去辩论它，是因为有所节制啊；出奇怪异的行为，做起来不是不难，但是君子不去做，也是因为有所节制啊。所以学者们说："我迟缓落后了，在他们停下来等我时，我赶上去靠近他们，那也就不过是或迟缓一些、或迅速一些、或冒前一些、或落后一些，为什么不能同样到达目的地呢？"所以一步接一步地走个不停，瘸了腿的甲鱼也能走到千里之外；堆积泥土不中断，土山终究能堆成；塞住那水源，开通那沟渠，那么长江黄河也可以被淘干；一会儿前进一会儿后退，一会儿向左一会儿向右，就是六匹骏马拉车也不能到达目的地。至于各人的资质，即使相距遥远，哪会像瘸了腿的甲鱼和六匹骏马之间那样悬殊呢？然而，瘸了腿的甲鱼能够到达目的地，六匹骏马却不能到达，这没有其他的缘故啊，只是一个去

做、一个不去做罢了!路程即使很近,但不走就不能到达;事情即使很小,但不做就不能成功。那些活在世上而闲荡的时间很多的人,他们即使能超出别人,也绝不会很远的。

【原文】

好法而行,士也;笃志而体①,君子也;齐明②而不竭③,圣人也。人无法,则伥伥然;有法而无志④其义,则渠渠然⑤;依乎法而又深其类,然后温温然⑥。

【注释】

①体:即"身体力行"之"体",与"行"同义,实行的意思。

②齐明:这里指智虑敏捷。

③竭:穷尽。不竭,指其思虑左右逢源,不但能明察一切,而且能"深其类"。

④志:识,知。

⑤渠渠然:无守、局促不安的样子。

⑥温温然:润泽之貌,这里指优游不迫。

【译文】

爱好礼法而尽力遵行的,是学士;意志坚定而身体力行的,是君子;无所不明而其思虑又永不枯竭的,是圣人。人没有礼法,就会迷惘而无所适从;有了礼法而不知道它的旨意,就会手忙脚乱;遵循礼法而又能精深地把握它的具体准则,然后才能不慌不忙而泰然自若。

【原文】

礼者,所以正身也;师者,所以正礼也。无礼,何以正身?无师,吾安知礼之为是也?

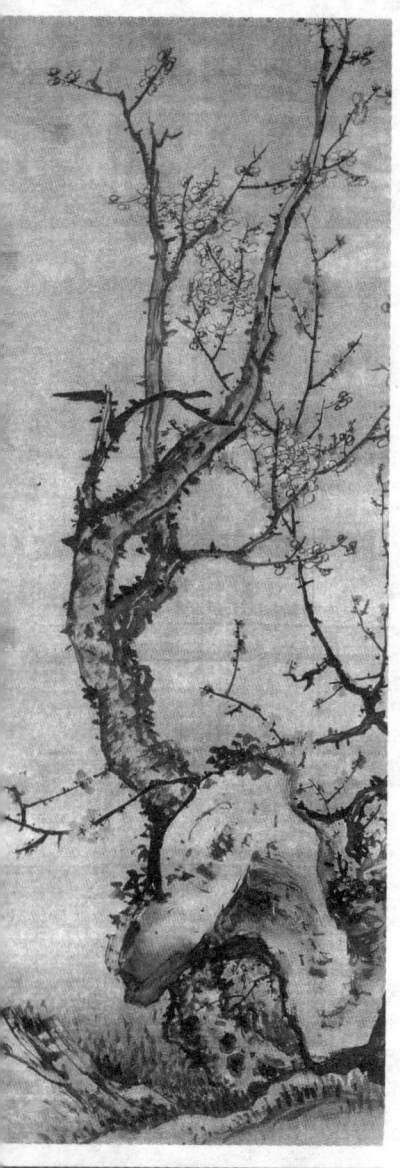

礼然而然，则是情安礼也；师云而云，则是知若师也。情安礼，知若师，则是圣人也。故非礼，是无法也；非师，是无师也。不是师法而好自用，譬之是犹以盲辨色，以聋辨声也，舍乱妄无为也。故学也者，礼法也。夫师，以身为正仪①而贵自安者也。《诗》云："不识不知，顺帝之则。"此之谓也。

【注释】

①正仪：正确的标准，即典范、表率。

【译文】

礼法，是用来端正身心的；老师，是用来正确阐明礼法的。没有礼法，用什么来端正身心呢？没有老师，我哪能知道礼法是这样的呢？礼法是这样规定的就这样做，这是他的性情安于礼法；老师是这样说的他就这样说，这是他的理智顺从老师。性情安于礼法，理智顺从老师，那就是圣人。所以违背礼法，那就是无视礼法；违背老师，那就是无视老师。不赞同老师和礼法而喜欢刚愎自用，拿他打个比方，那就好像让瞎子来辨别颜色、让聋子来分辨声音，除了胡说妄为之外是不会干出什么好事来的。所以学习嘛，就是学习礼法；那老师，就是以身作则而又重视使自己安守礼法的人。《诗》云："好像不懂又不知，依顺上天的法则。"说的就是这种情况。

【原文】

端悫顺弟①，则可谓善少者矣；加好学逊敏②焉，则有钧③无上，可以为君子者矣。偷

中国古代教育智慧

儒悼事,无廉耻而嗜乎饮食,则可谓恶少者矣;加惕悍④而不顺,险贼而不弟焉,则可谓不详⑤少者矣,虽陷刑戮可也。老老⑥而壮者归焉,不穷穷⑦而通者积焉,行乎冥冥⑧而施乎无报,而贤不肖一焉。人有此三行,虽有大过,天其不遂乎!

【注释】

①弟:通"悌",顺从兄长。
②逊敏:谦逊敏捷。
③钧:通"均",相等。
④惕悍:放荡凶悍。
⑤详:通"祥",吉利。
⑥老老:以老者之礼敬老。
⑦穷穷:逼迫穷境之人。这里的第一个"穷"作动词用。
⑧行乎冥冥:意思是行事不务求人知。

【译文】

端正谨慎顺从兄长,就可以称为好少年了;再加上好学谦虚敏捷,那就只有和他相等的人而没有超过他的人了,这种人就可以称为君子了。苟且偷安懒惰怕事,没有廉耻而贪图吃喝,就可以称为坏少年了;再加上放荡凶狠而不顺从道义,阴险害人而不敬从兄长,那就可以称为不祥的少年了,这种人即使遭受刑罚杀戮也是可以的。尊敬老年人,那么壮年人也就来归附了;不使固陋无知的人困窘,那么通达事理的人也就汇聚来了;在暗中做好事而施舍给无力报答的人,那么贤能的人和无能的人都会聚拢来了。人有了这三种德行,即使有大的过失,老天恐怕也不会毁灭他吧!

【原文】

君子之求利也略①,其远害也早,其避辱也惧,其行道理也勇。君子贫穷而志广,富贵而体恭,安燕②而血气不惰,劳倦而容貌不枯,怒不过夺③,喜不过予。君子贫穷而志广,隆仁也;富贵而体恭,杀势④也;安燕而血气不衰,柬理也;劳勤而容貌不枯,好交⑤也;怒不过夺,喜不过予,是法胜私也。《书》曰:"无有作好,遵王之道。无有作恶,遵王之路⑥。"此言君子之能以公义胜私欲也。

【注释】

①略:疏略,不斤斤计较。

②安燕:安闲,闲居。

③夺:剥夺,使丧失,此指处罚。

④杀势:杀,减弱。杀势,指不盛气凌人。

⑤交:当作"文",指礼仪。

⑥"无有"四句:此处所引见《尚书·洪范》。作好,个人的喜好。作恶,个人的憎恶。道,路。这里指先王制定的礼仪。

【译文】

君子对于谋求私利很不在意,对于祸害早早远离,对于耻辱警惕而回避,对于道义所在,又极其勇毅去担当。君子即使贫穷困窘,但志向还是远大的;即使富裕高贵,但体貌还是恭敬的;即使安逸,但精神并不懈怠懒散;即使疲倦,但容貌并不无精打采;即使发怒,

中国古代教育智慧

朱熹

朱熹（1130年—1200年），号晦庵。历事南宋高宗、孝宗、宁宗、光宗四朝，卒谥太师，封信国公，改徽国公。

他继承二程，又独立发挥，形成了自己的体系，后人称为程朱理学。他是理学的集大成者，中国封建时代儒家的主要代表人物之一。他的学术思想在中国元明清三代一直都是封建统治阶级的官方哲学，标志着封建社会意识形态的更趋完备。

也不过分地处罚别人；即使高兴，也不过分地奖赏别人。君子贫穷困窘而志向远大，是因为他要弘扬仁德；富裕高贵而体貌恭敬，是因为他要减弱威势；安逸而精神不懈怠懒散，是因为他选择了合理的生活准则；疲劳而容貌不无精打采，是因为他爱好礼仪；发怒了也不过分地处罚别人，高兴了也不过分地奖赏别人，这是因为他奉行礼法的观念胜过了他的私情。《尚书》说："不任凭个人的爱好，遵循先王确定的正道；不任凭个人的厌恶，遵循先王确定的正路。"这是说君子能用符合公众利益的道义来战胜个人的欲望。

【故事】

朱熹拜师求学

半亩方塘一鉴开，
天光云影共徘徊。
问渠哪得清如许？
为有源头活水来。

这流传千古的诗句，是南宋大才子、大理学家朱熹在《观书有感》中所写。朱熹，字元晦，后改仲晦，徽州婺源人。

朱熹是一位对我国封建社会后期最有影响的理学家，后人将朱熹称为中国古代学术史上的三座丰碑之一。孔子号称第一座丰碑，他集唐虞三代以来学术之大成；郑玄（东汉著名学者）号称第二座丰碑，集汉学之大成；朱熹集宋学之大成，号称第三座丰碑。

荀子的教育智慧

朱熹

朱熹从小就聪明过人，刚刚学会说话时父亲朱松指着天空告诉他说："那是天。"可是，小朱熹并没有满足于什么是天，还想知道天以外是什么。他接着问父亲："天的上面是什么东西呢？"这一下子把他父亲问住了，不知道该怎么回答。

八岁时，朱熹开始从师读书经。他那聪明好学、勤思多问的态度表现得更加明显了。一天，他和小朋友们在一起玩耍，别的孩子胡打乱闹，唯独朱熹用手指在沙土上仔细地画着什么，一会儿大人来了，发现他画的是连大人都难以明白的周易八卦图。

十四岁时，父亲病逝了，从此家境变得艰难起来，年少的朱熹不得不投靠在父亲的朋友刘子羽门下生活。为了维持生计，他以教师为职业，但教师的收入极其微薄，家里仍然是一贫如洗。尽管常常揭不开锅，但他却以苦为乐。学生看到老师的生活如此窘迫，就把煮熟的米饭、熬好的菜汤端给他吃。

朱熹以教书为职业，但仍旧刻苦学习。他父亲的朋友们大多是有学问的人，家里的藏书很多，朱熹由此得到了充分的读书机会，凡是书房里有的书，他见一卷读一卷。他颖异超人，才华横溢，被乡里人称为"神童"。

南宋高宗绍兴十八年，朱熹考取进士，任泉州同安县主簿。可他仍感到自己学问不足，决心拜一位最有学问的人为师。

当时，福建延平有一位远近驰名的学者李

中国古代教育智慧

朱熹

侗，几年前朱熹在云同安县任主簿的途中曾经拜见过他。李侗知识渊博，对学生的要求也很严格，朱熹非常渴望得到这位老师的指导并拜他为师，但也深知李侗不会轻易地接受一个学生。为了求师深造，几天来，朱熹吃不好饭、睡不好觉。最后，他想：只要心诚好学，李侗会收我为学生的。

于是，朱熹怀着对老师的崇敬心情，决心步行去见李侗。当时李侗在延平，朱熹在崇安，两地相隔几百里，山水阻隔，路途艰险。可是一心一意拜师求学的朱熹也顾不得这些了。他决心已下，一定要克服重重困难徒步前往。他觉得这样做，正好表达自己的诚心诚意。经过半个多月的长途跋涉，朱熹疲惫不堪地来到了延平。

当天夜里，朱熹来到李侗的家。为了不打扰李先生，朱熹就在李侗家的大门外打起盹儿来。清晨，李侗出门散步，见在路边打盹儿的是曾来拜访过自己的朱熹，急忙问道："朱进士，你从哪里来，怎么睡在这里？"

朱熹听见李先生问他，急忙整理一下衣服，恭恭敬敬地给李侗行了个礼，说："先生早晨好，我从崇安来。"

"你是进士了，为什么不坐轿乘驮？"李侗吃惊地问。

朱熹诚恳地说："我是特地来拜您为师的，怎么能骑马坐轿呢？请收下我这愚鲁的学生吧！"

朱熹的话，语真情切，诚意感人。"先别说什么拜师，快到家里来。"李侗把朱熹引进家门，让他洗漱就餐。

朱熹换了衣服，吃了饭，精神倍增，就滔滔不绝地同李先生谈论起禅学来。李侗见朱熹夸夸其谈、华而不实，就严厉地批评说："你谈的都是些空话，现实问题却懂得很少，这样求学不行啊！"说罢连连摇头不语。

朱熹

朱熹一听这话，"扑通"一声便跪在李先生面前，说："李老师，您说得对，从现在起，我就改掉夸夸其谈的毛病。收下我吧！收下我吧！"

李侗见朱熹说得很诚恳，又愿改掉缺点，就收下了他。

从此，朱熹就在李侗门下为生，起早贪黑地用功读书。实在太累了，就趴在书桌上打个盹儿，算是睡觉了。李侗见朱熹勤奋好学，有时还有新见解，越来越喜欢他，还特意给朱熹起了个字，叫作元晦，希望他能成为一个外表不露、道德内涵的人。

朱熹在李侗那里学到了不少东西，后来终于成为我国古代一位著名的哲学家和教育家。

中国古代教育智慧

朱熹

蔡元培先生曾把朱熹比作孔子，认为朱熹和孔子一样，是中华民族道德的集大成者。辛弃疾对朱熹的学问与人格更是钦佩不已，写下了"历数唐尧千载下，如公仅有二三人"的赞词。朱熹著述丰富，有《四书集注》《名臣言行录》《资治通鉴纲目》及《朱文公文集》等传世。

三、儒效篇

【原文】

大儒之效：武王崩，成王幼，周公屏成王而及武王，以属①天下，恶天下之倍②周也。履天子之籍③，听天下之断，偃然如固有之，而天下不称贪焉；杀管叔，虚殷国，而天下不称戾焉；兼制天下，立七十一国，姬姓独居五十三人，而天下不称偏焉。教诲、开导成王，使谕于道，而能掩迹于文、武。周公归周、反籍于成王，而天下不辍事周，然而周公北面而朝之。天子也者，不可以少当也，不可以假摄④为也。能则天下归之，不能则天下去之。是以周公屏成王而及武王，以属天下，恶天下之离周也。成王冠，成人，周公归周反籍焉，明不灭主之义也。周公无天下矣，乡⑤有天下，今无天下，非擅⑥也；成王乡无天下，今有天下，非夺也；变势⑦次序节然也。故以枝⑧代主而非越也，以弟诛兄而非暴也，君臣易位⑨而非不顺也。因天下之和，遂文、武之业，明枝主之义，抑亦变化矣，天下厌然⑩犹一也。非圣人莫之能为，夫是之谓大儒之效。

【注释】

①属：使……归属，统制。

②倍：通"背"。

③籍：通"阼"，帝位。

④假摄："假"和"摄"都是代理的意思。

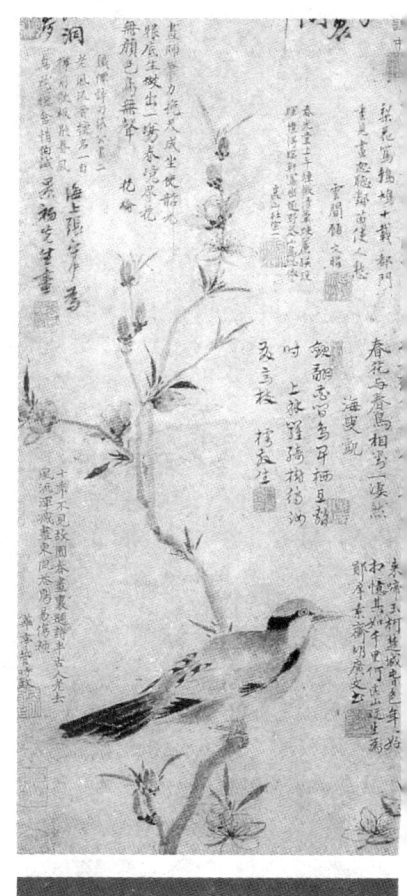

⑤乡:通"向",从前,往日。

⑥擅:通"禅",禅让,古代帝王让位给别人叫"禅"。

⑦变势:转变君位,君权更替。

⑧枝:旁支,指拥有继位权的嫡长子以外的公子。周公是武王之弟,非嫡长子,故称"枝"。

⑨君臣易位:当时周公只是代理成王执政,并未为君,成王也并未为臣。此文说"君臣易位",是古人行文不经意处。

⑩厌然:安然。

【译文】

伟大的儒者所起的作用是:周武王去世时,成王还年幼,周公旦拥护成王而继承武王之位来统辖天下,是因为他担心天下人要背叛周家王朝。他登上了天子之位,处理天下的决策,心安理得地就像他本来就该拥有这样的权力似的,而天下人并不说他贪婪;他杀了管叔,使殷国国都成了废墟,但天下人并不说他凶暴;他全面控制了天下,设置了七十一个诸侯国,其中出于周王家族的姬姓诸侯就占了五十三个,但天下人并不说他偏私。他教诲、开导成王,使成王明白礼义之道,从而能踏着文王、武王的足迹继续前进。周公把周家的天下和王位归还给成王,而天下人并没有停止事奉周王朝,然后周公才回到臣位上,北面而朝拜成王。天子这种职权,不可以让年幼的人掌管,也不可以由别人代理行使。能负担起这个重任，天下人就会归顺他；不能，天下人就会背离他。因此周公拥护成王而继承武王之位来统辖天下，是怕天下人背叛周王朝。成王行了冠礼，已经成人，周公便把周家的天下和王位归还给成王，以此来表明他不灭掉嫡长子的道义。于是周公就没有统治天下的权力了。他过去拥有天下，现在没有天下，这并不是禅让；成王过去没有天下，现在拥有了天下，这并不是篡夺，这是君权更替的法定次序受礼法节制而正应如此。所以周公以旁支的身份来代替嫡长子执政并不算超越本分，以弟弟的身份诛杀兄长管叔也不算残暴，君与臣变换了位置也不算不顺。周公凭借天下人的同心合力，完成了文王、武王的事业，彰明了庶子与嫡长子之间的关系准则，虽然尽权变之能事，但天下却安安稳稳地始终如一。除了圣人没有人能够做到这一点，这可以说是伟大的儒者所起的作用。

荀子的教育智慧

【原文】

秦昭王问孙卿子①曰："儒无益于人之国？"

孙卿子曰："儒者，法先王、隆礼义、谨乎臣子而致贵其上者也。人主用之，则势在本朝而宜；不用，则退编百姓而悫；必为顺下矣。虽穷困、冻馁②，必不以邪道为贪；无置锥之地，而明于持社稷之大义；鸣呼而莫之能应，然而通乎财万物、养百姓之经纪。势在人上，则王公之材也；在人下，则社稷之臣、国君之宝也。虽隐于穷阎③漏屋，人莫不贵之，

中国古代教育智慧

道诚存也。仲尼将为司寇④,沈犹氏⑤不敢朝饮其羊,公慎氏⑥出其妻,慎溃氏⑦逾境而徙,鲁之粥牛马者不豫贾⑧,必蚤⑨正以待之也。居于阙党⑩,阙党之子弟罔不必分,有亲者取多,孝弟以化之也。儒者在本朝则美政,在下位则美俗。儒之为人下如是矣。"

【注释】

①秦昭王:即秦昭襄王(前324年—前251年),名稷(另作侧),秦武王异母弟。孙卿子,即荀子。

②餧:通"馁",饥饿。

③闾:里巷。

④司寇:国家的最高司法官。

⑤沈犹氏:春秋时鲁国人,据说他常在早晨让羊喝饱了水再去卖羊,以欺骗买主。

⑥公慎氏:春秋时鲁国人,据说他的妻子淫乱,他却不管。

⑦慎溃氏:春秋时鲁国人,据说他平时荒淫无度。

⑧豫贾:豫,虚夸,欺骗。古书常用"虞"字。贾,同"价"。豫贾,虚定高价。

⑨蚤:通"早"。

⑩阙党:通"阙里",地名,相传为孔子授徒之所,在今山东省曲阜县境内。"党""里"都是古代的居民组织(五百家为党,二十五家为里),这里表示乡镇的意思。

【译文】

秦昭王问荀子说:"儒者对于人世间的国家

没有什么益处吧?"

荀子说:"儒者,是效法古代的圣明帝王、崇尚礼义、要使臣子谨慎守职而极其敬重他们君主的人。君主如果任用他们,那么他们位在朝廷而合宜地处理政事;如果不用他们,那么他们就退身归入百姓行列而谨慎老实地做人;无论如何,他们一定做一个顺从的臣民。他们即使贫穷困苦、受冻挨饿,也一定不会用不正当的手段去谋取财利;即使没有立锥之地,也深明维护国家的大义;即使大声疾呼而没有人能响应他们,可是他们精通管理万物、养育人民的纲领。如果他们的地位在别人之上,那就是当天子、诸侯的干才;如果在别人之下,那就是国家的能臣、国君的宝贵财富。即使隐居在偏僻的里巷与狭小简陋的房屋之中,人们也没有不尊重他们的,因为治国之道确实掌握在他们手中。孔子将要担任鲁国司法大臣的时候,沈犹氏不敢再在早晨喂自己的羊喝水了,公慎氏休掉了自己的妻子,慎溃氏越境搬走了,鲁国卖牛马的也不再漫天要价了,这是因为孔子总是预先用正道去对待人们的缘故。孔子住在阙党的时候,阙党的子弟将网获的鱼兽进行分配时,有父母亲的子弟就多得一些,这是因为孔子用孝顺父母、尊敬兄长的道理感化了他们。儒者在朝廷上做官,就能使朝政完美;在下面做个老百姓,就能使风俗完美。儒者做臣民时就像这样的啊。"

【原文】

王曰:"然则其为人上何如?"

荀子的教育智慧

孙卿曰："其为人上也，广大矣。志意定乎内，礼节修乎朝，法则、度量正乎官，忠、信、爱、利形①乎下。行一不义，杀一无罪，而得天下，不为也。此君义信乎人矣，通于四海，则天下应之如讙②。是何也？则③贵名白而天下治④也。故近者歌讴而乐之，远者竭蹶⑤而趋之。四海之内若一家，通达之属，莫不从服。夫是之谓人师。《诗》曰：'自西自东，自南自北，无思⑥不服。'此之谓也。夫其为人下也如彼，其为人上也如此，何谓其无益于人之国也？"

昭王曰："善！"

【注释】

①形：表现。

②讙：喧哗，形容齐声回答。

③则：因为。

④治：治理。一说通"怡"，是喜欢的意思。

⑤竭蹶：力竭而跌倒，形容竭尽全力拼命奔走的样子。

⑥思：语助词。

【译文】

秦昭王说："那么儒者当了君主又怎么样呢？"

荀子说："儒者当了君主，影响就广大了。他在内心意志坚定，于是在朝廷上，礼节就会整饬；在官府中，法律准则、规章制度就会公正不阿；在民间，忠诚、老实、仁爱、利人等美德就会蔚然成风。做一件不义的事，杀一个无罪的人,而能取得天下,他也不干。这种做君主的道义被人民相信了,传遍了四面八方,那么天下的人就会像异口同声地欢呼一样来响应他。这是为什么呢?是因为他尊贵的名声明显卓著而天下得到了治理的缘故。所以近处的人歌颂他而且热爱他,远处的人竭力奔走来投奔他。四海之内就像一个家庭似的,凡是交通能到达的地方,没有谁不服从。这可以称作是人民的君长了。《诗》云:'从西到东,从南到北,没有哪个不服从。'说的就是这种情况啊。儒者做臣民的时候像上述那样,他当了君主就像这样,怎么能说他们对于人世间的国家没有什么益处呢?"

秦昭王说:"讲得好。"

【原文】

先王之道,仁之隆①也,比②中③而行之。曷谓中?曰:礼义是也。道者,非天之道,非地之道,人之所以道④也,君子之所道也。

【注释】

①隆:盛大,厚,程度深。

②比:顺。

③中:正,不偏不倚,无过无不及。

④道:遵行。

【译文】

古代圣明帝王的政治原则,是仁德的最高体现,因为他们是顺着中正之道来实行它的。什么叫作中正之道呢?我要说:礼义就是这种中正之道。我所谓的原则,不是指上天的运动规律,也

不是指大地的变化规律,而是指人类所要遵行的准则,是君子所遵循的原则。

【原文】

君子之所谓贤者,非能遍能人之所能之谓也;君子之所谓知①者,非能遍知人之所知之谓也;君子之所谓辩者,非能遍辩人之所辩之谓也;君子之所谓察者,非能遍察人之所察之谓也;有所止矣。相高下,视肥,序②五种③,君子不如农人;通财货,相美恶,辨贵贱,君子不如贾人;设④规矩,陈绳墨,便备用,君子不如工人。不恤是非、然不然之情,以相荐⑤撙,以相耻怍,君子不若惠施、邓析。若夫谪⑥德而定次,量能而授官,使贤不肖皆得其位,能不能皆得其官,万物得其宜,事变得其应,慎、墨不得进其谈,惠施、邓析不敢窜⑦其察,言必当理,事必当务,是然后君子之所长也。

【注释】

①知:通"智"。

②序:次序,指合理安排,不失农时。

③五种:即"五谷",指黍、稷、豆、麦、稻,一说指黍、稷、豆、麦、麻,此泛指各种庄稼。

④设:措置,此指使用。

⑤荐:通"践"。

⑥谪:通"商",计量,估量。

⑦窜:使……得到容纳。

【译文】

君子的所谓贤能,并不是能够全部做到

别人所能做到的一切；君子的所谓智慧，并不是能够全部知道别人所知道的一切；君子的所谓善辩，并不是能够全部辨明别人所辩论的一切；君子的所谓明察，并不是能够全部观察到别人所观察的一切；君子的能力也是有一定限度的啊。观察地势的高低，识别土质的贫瘠与肥沃，安排各种庄稼的种植季节，君子不如农民；使财物流通，鉴别货物的好坏，区别货物的贵贱，君子不如商人；使用圆规和矩尺，弹画墨线，完善各种器具，君子不如工人；不顾是与非、对与不对的实际情况，互相贬抑，互相污辱，君子不如惠施、邓析。至于评估德行来确定等级，衡量才能来授予官职，使有德与无德的人都得到应有的地位，有才能与没有才能的人都得到应有的职事，使各种事物都得到适宜的处置，突发的事变都得到相应的处理，使慎到、墨翟不能推出他们的言论，惠施、邓析不敢贩卖他们貌似明察的诡辩，说话一定符合道理，做事一定符合要求，这些才是君子所擅长的。

【原文】

凡事行，有益于理者立之，无益于理者废之①，夫是之谓中事。凡知说，有益于理者为之，无益于理者舍之，夫是之谓中说。事行失中谓之奸事，知说失中谓之奸道。奸事、奸道，治世之所弃而乱世之所从服也。若夫充虚之相施②易也，"坚白"、"同异"之分隔也，是聪耳之所不能听也，明目之所不能见

中国古代教育智慧

也，辩士之所不能言也，虽有圣人之知，未能偻③指也。不知，无害为君子；知之，无损为小人。工匠不知，无害为巧；君子不知，无害为治。王公好之，则乱法；百姓好之，则乱事。而狂惑、戆④陋⑤之人，乃始率其群徒，辩其谈说，明其辟称，老身长子，不知恶也。夫是之谓上愚，曾不如好相鸡狗之可以为名也。《诗》曰："为鬼、为蜮⑥，则不可得；有靦⑦面目，视⑧人罔⑨极⑩？作此好歌，以极反侧。"此之谓也。

【注释】

①"立之""废之"当与下文"为之""舍之"互易。

②施：通"移"。

③偻：通"屡"，快速。

④戆：纯朴而愚蠢。

⑤陋：见闻少，知识浅薄。

⑥蜮：短狐，传说中一种能含沙射人的动物。

⑦靦：面貌丑恶狡猾的样子。

⑧视：通"示"，给人看。

⑨罔：无。

⑩极：尽，指看穿。

【译文】

凡是事情和行为，有益于治理的就做它，无益于治理的就不做它，这叫作正确地处理事情。凡是知识和学说，有益于治理的就确立它，无益于治理的就废除它，这叫作正确地对待学说。事情和行为不得当，就叫作奸邪的事情;知识和学说不得当,就叫作奸邪的学说。奸邪的事情、奸邪的学说,是太平盛世所抛弃的,却是混乱的社会所依从的。至于天地间盈和虚的互相转化,"坚白""同异"的分辨,这是耳机灵敏的人也不能听懂的,是眼睛明亮的人也不能看清楚的,是能言善辩的学者也不能说明白的,即使有了圣人的智慧,也不能很快地将它们点明。但是,不知道这些学说,君子还是君子;懂得这些学说,小人还是小人。工匠不了解这些,无害于掌握技巧;卿大夫不懂得这些,无害于从事政治。帝王、诸侯爱好这些学说,就会乱了法度;老百姓喜欢这些学说,就会把各项工作搞乱。但是那些狂妄糊涂、愚蠢浅陋的人,却率领着他们的一伙门徒,辩护他们的主张学说,阐明他们的比喻引证,一直到自己衰老了、儿子长大了,也不知道厌恶那一套。这可以叫作极端的愚蠢,还不如爱好鉴别鸡狗的优劣倒可以出名。《诗》云:"你若是鬼是短狐,那就无法看清楚;你的面目这样丑,给人看就看不透?作此好歌唱一唱,用来揭穿你的反复无常。"说的就是这种人啊。

【原文】

"我欲贱而贵,愚而智,贫而富,可乎?"

曰:其唯学乎。彼学者,行之,曰士也;敦慕焉,君子也;知之,圣人也。上为圣人,下为士、君子,孰禁我哉?乡①也,混然涂之

中国古代教育智慧

人也，俄而并乎尧、禹，岂不贱而贵矣哉？乡也，效门室之辨，混然曾不能决也，俄而原仁义，分是非，图回②天下于掌上而③辨白黑，岂不愚而知矣哉？乡也，胥靡④之人，俄而治天下之大器举在此，岂不贫而富矣哉？今有人于此，屑然⑤藏千溢⑥之宝⑦，虽行丐⑧而食，人谓之富矣。彼宝也者，衣之，不可衣也；食之，不可食也；卖之，不可偻售也。然而人谓之富，何也？岂不大富之器诚在此也？是杅杅⑨亦富人已⑩，岂不贫而富矣哉？

【注释】

①乡：通"向"，从前。

②回：转。

③而：犹"如"。

④胥靡：胥，疏，空。靡，无。胥靡，空无所有。

⑤屑然：杂碎众多的样子。

⑥溢：通"镒"，古代重量单位，先秦以黄金二十两或二十四两为一镒。

⑦宝：珍宝。此文意义双关，又喻指"治天下之大器"。

⑧丐：乞讨。

⑨杅杅：广大。

⑩已：通"矣"。

【译文】

"我想由下贱变成高贵，由愚昧变成明智，由贫穷变成富裕，可以吗？"

回答说：那就只有学习啦。那些学习的

人，能遵行学到的东西，就可称为士人；能勤奋努力的，就是君子；能精通学到的东西，就是圣人。最高可以成为圣人，至少也可以成为士人、君子，谁还能阻止我上进呢？过去嘛，混混沌沌是个路上的普通人，一会儿就可以和尧、禹这样的贤君并列在一起，这难道不是由下贱变得高贵了吗？过去嘛，考查他对门外和室内的礼节有什么分别，他也糊里糊涂竟不能判断，一会儿就能追溯仁义的本源，分辨是非，运转天下事于手掌之中就像辨别黑白一样容易，这难道不是由愚昧变得明智了吗？过去嘛，是个空无所有的人，一会儿治理天下的重要手段都在他这儿了，这难道不是由贫穷变得富裕了吗？现在如果在这儿有这么一个人，他零零碎碎地收藏着价值千金的珍宝，那么即使他靠外出乞讨来糊口，人们也还是说他富有。他的那些珍宝，穿它吧，又不能穿；吃它吧，又不能吃；卖它吧，又不能很快地出售。但是人们却说他富有，为什么呢？难道不是因为最值钱的宝器的的确确在他这儿吗？这样看来，那知识广博的学者也就是富有了，这岂不是由贫穷变得富有了吗？

荀子的教育智慧

【原文】

故君子无爵而贵，无禄而富，不言而信，不怒而威，穷处①而荣，独居而乐，岂不至尊、至富、至重、至严之情举积此哉？故曰：贵名不可以比周争也，不可以夸诞有也，不可以势重胁也，必将诚此然后就也。争之则失，让之

中国古代教育智慧

则至；遵道②则积，夸诞③则虚。故君子务修其内而让之于外，务积德于身而处之以遵道。如是，则贵名起之如日月，天下应之如雷霆。故曰：君子隐而显，微而明，辞让而胜。《诗》曰："鹤鸣于九皋④，声闻于天。"此之谓也。

【注释】

①穷处：指乡居不仕，隐居。
②遵道：遵循正道。比喻遵循法度。
③夸诞：形容言辞夸大虚妄，不合实际。
④九皋：曲折深远的沼泽。

【译文】

所以君子没有爵位也尊贵，没有俸禄也富裕，不辩说也被信任，不发怒也威严，处境穷困也荣耀，孤独地住着也快乐，难道不是因为那最尊贵、最富裕、最庄重、最威严的实质都聚集在这种学习之中了吗？所以说：尊贵的名声，不可能靠拉帮结派来争得，不可能靠夸耀吹牛来拥有，不可能靠权势地位来劫持，一定要真正地在这学习上下功夫，然后才能成就。争夺名誉就会丧失名誉，让出名誉就会得到名誉；遵循正确的原则就能积累名誉，夸耀吹牛就会落个一场空。所以君子致力于自己内在的思想修养而在外谦虚辞让，致力于在自身积累德行而遵循正确的原则去处理一切。像这样，那么尊贵的名声就会像太阳月亮升起，天下人就会像雷霆那样轰轰烈烈地响应。所以说：君子即使隐居也显赫，即使卑微也荣耀，即使退让也会胜过别人。《诗》云："鹤在九曲沼泽叫，声音直传到云霄。"说的就是这种情况啊。

【原文】

鄙夫反是。比周①而誉俞②少；鄙争③而名俞辱；烦劳以求安利，其身俞危。《诗》曰："民之无良，相怨一方。受爵不让，至于己斯④亡。"此之谓也。

【注释】

①比周：结党营私。
②俞：通"愈"，更加。
③鄙争：用不正当的手法争夺。
④斯：语助词。

【译文】

鄙陋的人与此相反。他们拉帮结派而党羽越来越少；卑鄙地去争夺而名声越来越臭；尽心竭力地去追求安逸与私利，而自身越来越危险。《诗》云："小人总是不善良，互相怪怨另一方。争取爵位不谦让，直到自己被灭亡。"说的就是这种人啊。

【原文】

故能小而事大，辟①之，是犹力之少而任重也，舍粹②折无适也。身不肖而诬贤，是犹伛身而好升高也，指其顶者愈众。故明主谲③德而序位，所以为不乱也；忠臣诚能，然后敢受职，所以为不穷也。分不乱于上，能不穷于下，治辩④之极也。《诗》曰："平平⑤左右，亦是率从。"是言上下之交不相乱也。

中国古代教育智慧

【注释】

①辟：通"譬"。

②粹：通"碎"。

③谲：通"决"，决断。

④辩：治理。

⑤平平：擅长于口才、办事能干的样子。

【译文】

所以能力小而做的事大，拿它打个比方，这就好像是力气小而担子重，除了压碎骨头折断腰，也就没有别的下场了。自己不贤却妄称贤能，这就好像是驼背却喜欢升高一样，指着他的头顶而笑话他的人就会更多。所以英明的君主评定各人的德行来安排官职，是为了不乱加任用；忠诚的臣子确实有能力胜任，然后才敢接受官职，是为了不陷入困境。在君主一方，职分的安排不乱来；在臣下一方，有能力胜任而不至于陷入困境，这是政治的最高境界了。《诗》云："左右臣子很能干，遵从君命不违反。"这是说君上和臣下的交往不互相错乱啊。

【原文】

以从俗为善，以货财为宝，以养生为己至道，是民德也。行法志坚①，不以私欲乱所闻，如是，则可谓劲士矣。行法志坚，好修正其所闻以矫饰②其情性；其言多当矣，而未谕也；其行多当矣，而未安也；其知虑多当矣，而未周密也；上则能大其所隆，下则能开道③不己若者：如是，则可谓笃厚君子矣。修百王之法，若辨白黑；应当时之变，若数一二；行礼要④节而安之，若生⑤四枝⑥；要时立功之巧，若诏四时；平⑦正⑧和民之善，亿万之众而博若一人：如是，则可谓圣人矣。

【注释】

①志坚：《集解》作"至坚"，据《韩诗外传》卷三第五章改。

②饰：通"饬"，整治。

③道：通"导"。

④要：会，迎合。下文"要时"之"要"与此同义。

⑤生：通"伸"。

⑥枝：通"肢"。

⑦平：治理。

⑧正：通"政"。

【译文】

把顺从习俗看作美德，把货物钱财看作宝物，把保养身体作为自己最高的行为准则，这是老百姓的德行。行为合乎法度，意志坚定，不因为个人的欲望而歪曲所听到的东西，像这样，就可以称为正直的士人了。行为合乎法度，意志坚定，喜欢修正自己所听到的东西来矫正自己的性情；他的言论多半是恰当的，但还没有完全说明白；他的行为多半是恰当的，但还没有完全稳妥；他的考虑多半是恰当的，但还不周密；上能发扬广大尊崇的礼义，下能开导不如自己的人，像这样，就可以称为忠诚厚道的君子了。学习历代众多帝王的法度，就

中国古代教育智慧

像分辨黑白一样清楚；应付当时的变化，就像数一二一样容易；奉行礼法遵循礼节而习以为常，就像平时伸展四肢一样自如；抓住时机来建立功勋的技巧，就像预告四季的到来一样准确；治理政事、协调百姓的妥善，使亿万群众因而团结得像一个人一样，像这样，就可以称为圣人了。

【原文】

井井兮其有理也，严严兮其能敬己①也，分分②兮其有终始也，猒猒③兮其能长久也，乐乐④兮其执道不殆⑤也，炤炤⑥兮其用知⑦之明也，修修兮其用统类⑧之行也，绥绥兮其有文章⑨也，熙熙兮其乐人之臧也，隐隐⑩兮其恐人之不当也：如是，则可谓圣人矣。

【注释】

①敬己：使自己受尊敬，指别人不能用不礼貌的态度去侵犯他。

②分分：是"介介"之误。有所感触而不能忘记；耿耿。

③猒猒：或作"厌厌"，心满意足而安详和悦的样子。

④乐：即"乐道""乐业"之"乐"，乐于、乐意的意思。

⑤殆：通"怠"。

⑥炤：通"照"，照射，明白地照见。

⑦知：通"智"。

⑧统类：纲纪法度，即指礼法。

⑨文章：指礼义制度。

⑩隐隐:通"殷殷",忧伤的样子。

【译文】

整整齐齐啊,他做事有条不紊。威风凛凛啊,他能使自己受尊敬。坚定不移啊,他有始有终不变更。心满意足啊,他能长久得安稳。满腔热忱啊,他坚守道义不松劲。洞察一切啊,他运用智慧多英明。一丝不苟啊,他实施礼法严格遵行。安泰自若啊,他掌握礼仪制度有根本。温和快乐啊,他喜欢别人的善言善行。忧心忡忡啊,他怕别人不守名分。像这样,就可以称为圣人了。

【原文】

此其道出乎一。曷①谓一?曰:执神而固。曷谓神?曰:尽善挟②治之谓神,万物莫足以倾之之谓固,神固之谓圣人。

【注释】

①曷:何,什么。
②挟:通"浃",周遍,通,透。

【译文】

这种圣人的道德品质产生于专一。什么叫作专一?就是:保持神明与稳固。什么叫作神明与稳固?答案是:能使天下尽善尽美通体皆治叫作神明,世间的一切都不能够使他倾斜叫作稳固,做到了神明与稳固就叫作圣人。

【原文】

圣人也者,道①之管②也。天下之道管是矣,百王之道一是矣,故《诗》《书》《礼》

《乐》之归是矣。《诗》言是，其志也；《书》言是，其事也；《礼》言是，其行也；《乐》言是，其和也；《春秋》言是，其微也。故《风》之所以为不逐③者，取是以节之也；《小雅》之所以为小者，取是而文之也；《大雅》之所以为大者，取是而光之也；《颂》之所以为至者，取是而通之也。天下之道毕是矣。乡④是者臧，倍⑤是者亡。乡是如⑥不臧、倍是如不亡者，自古及今，未尝有也。

【注释】

①道：指根本性的政治原则与思想学说。

②管：枢纽，关键，事物相互联系的中心环节。下句的"管"用作动词，是集中的意思。

③逐：追赶，指赶时髦而追随歪风邪气。

④乡：通"向"，迎合。

⑤倍：通"背"，背弃，背叛。

⑥如：通"而"。

【译文】

圣人，是思想原则的枢纽。天下的思想原则都集中在他这里了，历代圣王的思想原则也统一在他这里了，所以《诗》《书》《礼》《乐》也都归属到他这里了。《诗》说的是其心意；《书》说的是其政事；《礼》说的是其行为；《乐》说的是其和谐心情；《春秋》说的是其微言大义。因此，《国风》之所以为不失于流荡的作品，是因为以此去节制它的缘故；《小雅》之所以为小雅，是因为以此去润饰它的缘故；《大雅》之所以为大雅，是因为以此去发扬光大它的缘故；《颂》之所以成为登峰造极的作品，是因为以此去贯通它的缘故。天下的思想原则全在这里了。顺从它的就会有好结果，背离它的就会灭亡。顺从它而没有好结果、违背它而不灭亡的，从古到今，还不曾有过。

【原文】

客有道曰："孔子曰：'周公其盛乎。身贵而愈恭，家富而愈俭，胜敌而愈戒。'"

应之曰："是殆非周公之行、非孔子之言也。武王崩，成王幼，周公屏成王而及武王，履天子之籍，负扆①而坐，诸侯趋走堂下。当是时也，夫又谁为恭矣哉？兼制天下，立七十一国，姬姓独居五十三人焉；周之子孙，苟不狂惑者，莫不为天下之显诸侯。孰谓周公俭哉？武王之诛纣也，行之日以兵忌②，东面而迎太岁③，至氾而泛，至怀而坏，至共头而山隧④。霍叔惧曰：'出三日而五灾至，无乃不可乎？'周公曰：'刳比干而囚箕子，飞廉、恶来⑤知政，夫又恶有不可焉？'遂选马而进，朝食于戚，暮宿于百泉，厌旦⑥于牧之野。鼓之而纣卒易乡，遂乘殷人而诛纣。盖杀者非周人，因殷人也，故无首虏之获，无蹈难之赏。反⑦而定三革，偃五兵，合天下，立声乐，于是《武》《象》起而《韶》《护》⑧废矣。四海之内，莫不变心易虑，以化顺之。故外阖不闭，跨天下而无蕲⑨。当是时也，夫又谁为戒矣哉？"

荀子的教育智慧

【注释】

①扆:宫殿中门和窗之间的屏风。天子接见诸侯时,背靠这屏风而面向南。

②兵忌:古代迷信,出兵要选择吉日,在忌日出师则不利。

③太岁:即木星,又名岁星。古代占星家认为岁星是吉星,它运行到某一星宿,则地上与这一星宿相对应的国家就吉利。谁如果冲犯了它所在的方位,就会遭殃。

④隧:通"坠"。

⑤飞廉、恶来:飞廉,纣王的宠臣,善于奔走。恶来,纣王之臣,飞廉之子,有力,善谗,周武王伐纣时被杀。

⑥厌旦:迫近日出天明之时,黎明。一说"厌旦"当作"旦厌",意思是早晨迫近牧野。

⑦反:通"返"。

⑧《武》《象》《韶》《护》:《武》,又名《大武》,是周武王灭商以后周公所作的歌颂武王克商之功的乐曲名。《象》,又称《象舞》,周武王所作的模仿文王时击刺之法的舞曲名。《韶》,舜时的乐曲名。《护》,商汤时的乐曲名。

⑨蕲:通"圻",边界。

【译文】

有个客人说道:"孔子说:'周公可伟大啦。他身份高贵而更加谦逊有礼,家里富裕而更加节约俭朴,战胜了敌人而更加戒备警惕。'"

荀子对答说:"这大概不是周公的行为、也不是孔子的话吧。武王去世时,成王还年幼,周公拥护成王而继承武王,登上了天子之位,背靠屏风而立,诸侯在堂下有礼貌地小步快跑前来朝见。在这个时候,他又对谁谦逊有礼了呢?他全面控制了天下,设置了七十一个诸侯国,其中出于周王家族的姬姓诸侯就独占了五十三个;周族的子孙,只要不是发疯糊涂的人,无不成为天下显贵的诸侯。谁说周公节俭呢?武王讨伐纣王的时候,出发的那天用了兵家禁忌的日子,向东进军,冲犯了太岁,到达汜水时河水泛滥,到达怀城时城墙倒塌,到达共头山时山岩崩落。霍叔恐惧地说:'出兵三天已遇到了五次灾害,恐怕不行吧。'周公说:'纣王将比干剖腹挖心,还囚禁了箕子,飞廉、恶来当政,又有什么不可以呢?'于是挑选了良马继续前进,早晨在戚地吃饭,晚上在百泉宿营,等二天黎明来到牧地的郊野。击鼓进攻,纣王的士兵就掉转方向倒戈起义了,于是就凭借商王朝的士兵而诛杀了纣王。原来杀纣王的并不是周国的人,而是倒戈起义的商朝人,所以周国的将士没有首级、俘虏的缴获,也没有因为冲锋陷阵而得到的奖赏。周国的军队回去以后不再动用铠甲、头盔与盾牌三种皮革制品,放下了各种兵器,会合天下诸侯,创作了乐曲,从此《武》《象》兴起而《韶》《护》被废弃了。四海之内,无不转变思想,

因为这种教化而归顺周王朝。因此,家家不必关闭大门,走遍天下也没有什么边界。在这个时候,他又对谁戒备警惕了呢?"

【原文】

造父①者,天下之善御者也,无舆马则无所见②其能;羿③者,天下之善射者也,无弓矢则无所见其巧;大儒者,善调一天下者也,无百里之地则无所见其功。舆固马选矣,而不能以至远、一日而千里,则非造父也;弓调矢直矣,而不能以射远、中微④,则非羿也;用百里之地,而不能以调一天下、制强暴,则非大儒也。

【注释】

①造父:周穆王的车夫,善于驾驭车马。

②见:通"现"。

③羿:夏代东夷族有穷氏(居于今山东德州市南)的部落首领,故又称夷羿、后羿,善于射箭。

④中微:射中微小的目标。

【译文】

造父,是天下善于驾驭车马的人,但没有车马就没法表现他的才能。后羿,是天下善于射箭的人,但没有弓箭就没法表现他的技巧;伟大的儒者,是善于整治统一天下的人,但没有百里见方的国土就没有办法显示他的功用。如果车子坚固、马匹精干,却不能用它来到达远方,日行千里,那就不是造父了;弓调好了,箭笔直,却不能用它来射到远处的东西、命中微小的目标，那就不是后羿了；统辖百里见方的领土，却不能靠它来整治统一天下、制服强暴的国家，那就不是伟大的儒者了。

【原文】

彼大儒者，虽隐于穷闾漏屋①，无置锥之地，而王公不能与之争名；在一大夫之位，则一君不能独畜，一国不能独容，成名况乎诸侯，莫不愿得以为臣；用百里之地，而千里之国莫能与之争胜；笞②棰③暴国，齐一天下，而莫能倾也：是大儒之证也。其言有类④，其行有礼，其举事无悔，其持险、应变曲当；与时迁徙，与世偃仰，千举万变，其道一也：是大儒之稽也。其穷也，俗儒笑之；其通也，英杰化之，嵬琐⑤逃之，邪说畏之，众人愧之。通则一天下，穷则独立贵名。天不能死，地不能埋，桀、跖之世不能污，非大儒莫之能立，仲尼、子弓是也。

【注释】

①穷闾漏屋：穷闾，偏僻的里巷。漏屋，通"陋"，狭小的房屋。穷闾漏屋指僻陋狭小的住处。

②笞：用鞭子、竹板抽打。

③棰：用木棍打。

④类：法。

⑤嵬琐：险诈奸邪。

【译文】

那些伟大的儒者，即使隐居在偏僻的里巷

荀子的教育智慧

与狭小简陋的房子里，贫无立锥之地，但天子诸侯也没有能力和他竞争名望；虽然他只是处在一个大夫的职位上，但不是一个诸侯国的国君所能单独任用，不是一个诸侯国所能单独容纳，他的盛名比于诸侯，各国诸侯无不愿意让他来当自己的臣子；他统辖百里见方的封地，那千里见方的国家也就没有哪一个能与他争胜；他鞭挞强暴的国家，统一天下，也没有谁能推翻他，这就是伟大的儒者所具有的特征。他说话合乎法度，他行动合乎礼义，他做事没有因失误而引起的悔恨，他扶持危险的局势、应付突发的事变处处都恰当；他顺应时世，因时制宜，即使采取上千种措施，遇到上万次变化，但他奉行的原则是始终如一的，这是伟大的儒者的考核标准。他穷困失意的时候，庸俗的儒者讥笑他；他显达得志的时候，英雄豪杰都受到他的感化，怪诞鄙陋的人都逃避他，持异端邪说的人都害怕他，一般民众都愧对他。他得志了就统一天下，不得志就独自树立高贵的名声。上天不能使他死亡，大地不能把他埋葬，桀、跖的时代不能污染他，不是伟大的儒者就没有谁能这样立身处世，仲尼、子弓就是这样的人。

【原文】

故有俗人者，有俗儒者，有雅儒者，有大儒者。不学问，无正义，以富利为隆，是俗人者也。逢衣浅带①，解果②其冠，略法先王而足乱世术；缪③学杂举④，不知法后王而一制度，

荀子的教育智慧

不知隆礼义而杀⑤《诗》《书》；其衣冠行伪已同于世俗矣，然而不知恶者；其言议谈说已无以异于墨子矣，然而明不能别；呼先王以欺愚者而求衣食焉，得委积足以掩其口，则扬扬如也；随其长子，事其便辟⑥，举其上客，㥄然若终身之虏而不敢有他志，是俗儒者也。法后王，一制度，隆礼义而杀《诗》《书》；其言行已有大法矣，然而明不能齐法教之所不及、闻见之所未至，则知不能类也；知之曰知之，不知曰不知，内不自以诬，外不自以欺，以是尊贤畏法而不敢怠傲：是雅儒者也。法先王，统礼义，一制度，以浅持博，以古持今，以一持万；苟仁义之类也，虽在鸟兽之中，若别白黑；倚物怪变，所未尝闻也，所未尝见也，卒然起一方，则举统类而应之，无所儗怍；张法而度之，则晻然若合符节⑦：是大儒者也。故人主用俗人，则万乘之国亡。用俗儒，则万乘之国存。用雅儒，则千乘之国安。用大儒，则百里之地久，而后三年，天下为一，诸侯为臣；用万乘之国，则举错⑧而定，一朝而伯⑨。

【注释】

①浅带：指宽阔的腰带。阔带子束衣服束得很浅，所以称"浅带"。

②解果：亦作"蟹蜾"，高的意思。

③缪：通"谬"。

④举：发起，兴办。

⑤杀：减少，降等。

⑥便辟：通"便嬖"，指君主左右的宠信

小臣。

⑦符节：古代出入门关时的凭证，用竹片做成，上书文字，剖而为二，双方各存一半，验证时两片合起来完全相符，才可通行。

⑧举错：通"举措"，采取措施。

⑨伯：通"白"，指名声显著。

【译文】

有庸俗的人，有庸俗的儒者，有雅正的儒者，有伟大的儒者。不学习请教，不讲求正义，把求取财富实利当作自己的最高目标，这是庸俗的人。穿着宽大的衣服，束着宽阔的腰带，戴着中间高起的帽子，粗略地效法古代圣明的帝王而只够用来扰乱当代的政治措施；荒谬地学一些东西，杂乱地做一些事，不懂得效法后代的帝王、统一制度，不懂得把礼义置于最高地位而把《诗》《书》置于次要地位；他的穿戴行为已经与社会上的流俗相同了，但还不知道厌恶这一套；他的言谈议论已经和墨子没有什么两样了，但是他的智慧却不能分辨；他称道古代圣王来欺骗愚昧的人而向他们求取衣食，得到别人的一点积蓄用来糊口，就得意扬扬了；跟随君主的太子，侍奉君主的宠信小臣，吹捧君主的贵客，提心吊胆好像是终身没入官府的奴隶而不敢有其他的志愿，这是庸俗的儒者。效法后代的帝王，统一制度，推崇礼义而把《诗》《书》降到次要地位；他的言论和行为已经符合基本的法规了，但是他的智慧却不能补足法制教令没有涉及的地方和自己没有听见看见的地方，就是他的智慧还不能触类旁通；懂就说懂，不懂就说不懂，对内不自欺，对外不欺人，根据这种观念而尊重贤人、畏惧法令、不敢懈怠傲慢，这是雅正的儒者。效法古代的圣明帝王，以礼义为纲领，统一制度，根据不多的见闻掌握很多的知识，根据古代的情况把握现在的情况，根据一件事物把握上万件事物；如果是合乎仁义的事情，即使存在于鸟兽之中，也能像辨别黑白一样把它辨认出来；奇特的事物、怪异的变化，虽然从来没有听见过，从来没有看到过，突然在某一地方发生了，也能应之以道而无所迟疑和不安，衡之以法而如同符节之相合，这是伟大的儒者。所以，君主如果任用庸俗的人，那么拥有万辆兵车的大国也会灭亡。如果任用庸俗的儒者，那么拥有万辆兵车的大国仅能保存。如果任用雅正的儒者，那么就是拥有千辆兵车的小国也能安定。如果任用伟大的儒者，那么即使只有百里见方的国土也能长久，三年之后，天下就能够统一，诸侯就会成为臣属；如果是治理拥有万辆兵车的大国，那么一采取措施就能平定天下，一个早晨就能名扬天下。

荀子的教育智慧

【原文】

不闻不若闻之，闻之不若见之，见之不若知之，知之不若行之。学至于行之而止矣。行之，明也，明之为圣人。圣人也者，本仁义，当是非，齐言行，不失毫厘①，无它道焉，已②乎行之矣。故闻之而不见，虽

博必谬；见之而不知，虽识③必妄④；知之而不行，虽敦必困。不闻不见，则虽当，非仁也，其道百举而百陷也。

【注释】

①毫厘：古代长度单位，十丝为一毫，十毫为一厘，十厘为一分，十分为一寸。毫厘，比喻微小的数量。

②已：止。

③识：记住。

④妄：胡乱，荒诞不合理。

【译文】

没有听到不如听到，听到不如见到，见到不如理解，理解不如实行。学习到了实行也就到头了。实行，才能明白事理，明白了事理就是圣人。圣人这种人，以仁义为根本，能恰当地判断是非，能使言行保持一致，不差丝毫，这并没有其他的窍门，就在于他能把学到的东西付诸行动罢了。所以听到了而没有见到，即使听到了很多，也必然有谬误；见到了而不理解，即使记住了，也必然虚妄；理解了而不实行，即使知识丰富，也必然会陷入困境。不去聆听教诲，不去观摩考察，即使偶尔做对了，也不算是仁德，这种办法采取一百次会失误一百次。

【原文】

故人无师无法而知，则必为盗；勇，则必为贼；云①能，则必为乱；察，则必为怪；辩，则必为诞。人有师有法而知，则速通；勇，则速威；云能，则速成；察，则速尽；辩，则速论。故有师法者，人之大宝也；无师法者，人之大殃②也。

【注释】

①云：有。

②殃：祸害。

荀子的教育智慧

【译文】

所以，人要是没有老师、不懂法度，如果有智慧，就一定会偷窃；如果勇敢，就一定会抢劫；如果有才能，就一定会作乱；如果明察，就一定会搞奇谈怪论；如果善辩，就一定会大言欺诈。人要是有了老师、懂了法度，如果有智慧，就会很快通达事理；如果勇敢，就会很快变得威武；如果有才能，就会很快成功；如果明察，就能很快理解一切；如果善辩，就能很快论断是非。所以有老师、懂法度，是人们的一大宝物；没有老师、不懂法度，是人们的一大祸害。

【原文】

人无师法，则隆性矣；有师法，则隆积矣；而师法者，所得乎情①，非所受乎性，不足以独立而治。性也者，吾所不能为也，然而可化也；情也者，非吾所有也，然而可为也。注错②习俗，所以化性也；并一而不二，所以成积③也。习俗移志，安久移质；并一而不二，则通于神明④，参于天地矣。

【注释】

①情：指合乎礼义的高尚情操。

②注错：也作"注措"，措置，安排处置。

·99·

③成积:成见积习。
④神明:神灵,神祇。

【译文】

人要是没有老师、不懂法度,就会推崇发展本性了;有了老师、懂了法度,就会注重增加学习的积累了;而老师、法度,是从合乎礼义的高尚情操中得来的,并不是禀受于先天的本性,所以也不能够独立地得到完善。本性这种东西,是我们所不能造就的,却可以通过教育来改变;学习的积累,不是我们所固有的,却可以造就。对人的安排措置以及习惯风俗,是用来改变本性的;专心致志地学习而不三心二意,是用来造成知识积累的。风俗习惯能改变人的思想,安守习俗的时间长了就会改变人的本质;学习时专心致志而不三心二意,就能通于神明,与天地相并列了。

【原文】

故积土而为山,积水而为海,旦暮积谓之岁,至高谓之天,至下谓之地,宇①中六②指③谓之极,涂④之人百姓积善而全尽谓之圣人。彼求之而后得,为之而后成,积之而后高,尽之而后圣。故圣人也者,人之所积也。人积耨耕而为农夫,积斫削而为工匠,积反⑤货而为商贾⑥,积礼义而为君子。工匠之子莫不继事,而都国之民安习⑦其服,居楚而楚,居越而越,居夏而夏。是非天性也,积靡⑧使然也。

荀子的教育智慧

【注释】

①宇：空间。

②六：指上、下、东、南、西、北六个方向。

③指：指向，延伸。

④涂：通"途"。

⑤反：通"贩"。

⑥商贾：商人。

⑦安习：习惯于，习惯。

⑧靡：通"摩""磨"，接触，磨炼，指受外力的影响。

【译文】

所以，堆积泥土就成为山，积聚水流就形成海，一朝一夕积累起来就叫作年，最高的叫作天，最低的叫作地，空间之中朝六个方向延伸出去叫作极，路上的普通老百姓积累善行而达到了尽善尽美就叫作圣人。这些都是努力追求以后才得到的，努力做了以后才成功的，不断积累以后才高超的，尽善尽美以后才圣明的。所以圣人这种人，实是普通人德行的积累。人积累了锄草耕地的本领就成为农夫，积累了砍削的技巧就成为工匠，积累了贩卖货物的经验就成为商人，积累了合乎礼义的德行就成为君子。工匠的儿子无不继承父亲的事业，而国都里的居民都安心习惯于本地的习俗，居住在楚国就像楚国人一样生活，居住在越国就像越国人一样生活，居住在中原各国就像中原各国的人一样生活。这不是天生的本性，而是

中国古代教育智慧

后天的积习和磨炼使他们这样的啊。

【原文】

故人知谨注错,慎习俗,大积靡,则为君子矣;纵情性①而不足问学,则为小人矣。为君子,则常安荣矣;为小人,则常危辱矣。凡人莫不欲安荣而恶危辱,故②唯君子为能得其所好,小人则日徼③其所恶。《诗》曰:"维此良人,弗求弗迪④;维彼忍心,是顾是复。民之贪乱,宁为荼毒?"此之谓也。

【注释】

①情性:《集解》作"性情",据宋浙本改。

②故:通"顾",但是。

③徼:通"邀",求取,招致。

④迪:进。

【译文】

所以人懂得谨慎地措置自己,小心地对待风俗习惯,加强德行的积累和磨炼,就成为君子了;如果放纵本性而不重视学习,就成为小人了。成为君子,就经常会得到安宁与光荣了;成为小人,就经常会遇到危险和耻辱了。凡是人没有不希望安宁、光荣而厌恶危险、耻辱的,但是只有君子才能得到他所喜欢的,小人却是天天在招致他所厌恶的。《诗》云:"有了这些善良人,你不访求不进用;那些狠心残忍者,你却照顾又看重。民众一心想作乱,难道甘愿被残害?"说的就是这个。

荀子的教育智慧

【原文】

人论①：志不免于曲私，而冀人之以己为公也；行不免于污漫②，而冀人之以己为修也；甚愚陋沟瞀③，而冀人之以己为知也，是众人也。志忍私，然后能公；行忍情性，然后能修；知而好问，然后能才，公、修而才，可谓小儒矣。志安公，行安修，知通统类④：如是则可谓大儒矣。大儒者，天子三公⑤也；小儒者，诸侯大夫、士⑥也；众人者，工、农、商贾也。礼者，人主之所以为群臣寸、尺、寻⑦、丈检式⑧也。人伦尽矣。

【注释】

①论：通"伦"，类。

②污漫：污秽，卑污。

③沟瞀：愚昧无知。

④统类：纲纪和条例。

⑤三公：辅助君主掌握军政大权的最高官员，各个朝代的名称不同，周朝的三公为太师、太傅、太保。

⑥士：官名，有上士、中士、下士三等，其位次于大夫。

⑦寻：长度单位，八尺为一寻。此句是一种比喻的说法，指衡量群臣的德才是一寸高，还是一尺、一寻、一丈高，等于说"掂群臣的分量""区别群臣的档次"。

⑧检式："检"和"式"都是法度、准则的意思。

【译文】

人的类别：思想没有脱离偏邪自私，却

103

中国古代教育智慧

希望别人认为自己大公无私；行为没有脱离污秽肮脏，却希望别人认为自己善良美好；非常愚昧浅陋，却希望别人认为自己聪慧明智，这样的人是一般的民众。思想上克制了私心，然后才能出于公心；行动上抑制了本性，然后才能善良美好；聪明而又喜欢请教，然后才能多才多艺，去私为公、行为美好又有才干，可以称为小儒了。思想上习惯于公正无私，行动上习惯于善良美好，智慧能够精通纲纪法度，像这样就可以称为大儒了。大儒这种人，能当天子的三公；小儒，可以当诸侯的大夫或士；而民众，则只能当工匠、农夫、商人。礼制，是君主用来鉴定群臣等级的标准，人的类别用它来鉴定就能包罗无遗了。

【原文】

君子言有坛宇①，行有防②表③，道有一隆。言道德④之求，不下于安存；言志意之求，不下于士；言道德之求，不二后王。道过三代谓之荡，法二后王谓之不雅。高之、下之、小之、臣⑤之，不外是矣，是君子之所以骋⑥志意于坛宇、宫庭⑦也。故诸侯问政，不及安存，则不告也；匹夫问学，不及为士，则不教也；百家之说，不及后王，则不听也。夫是之谓君子言有坛宇、行有防表也。

【注释】

①坛宇：坛，殿堂的基础。宇，屋檐。坛宇，引申指界限。

②防：堤防，引申指限度。

③表：标志，标准。

④道德：当作"政治"。
⑤臣：当为"巨"字之误。
⑥骋：尽情施展，充分活动。
⑦官庭：室内的厅堂，引申指范围。

【译文】

君子说话有界限，行动有标准，主张有专重。说到政治的要求，不低于使国家安定和生存；说到思想的要求，不低于做一个有德才的学士；说到道德的要求，是不背离当代的帝王。谈论政治原则时古得超过了夏、商、周三代便叫作放荡荒诞，谈到法度时背离了当代的帝王便叫作不正。使自己的主张或高、或低、或小、或大，都不超越这个原则范围，这就是君子能使自己的思想活跃奔放而又保持在一定的界限、范围内的原因啊。所以诸侯询问政治，如果不涉及如何使国家安定而存在下去，就不告诉他；一般人来求学，如果不涉及如何做一个有德才的学士，就不教他；各家的学说，如果不涉及当代的帝王，就不听它。这就叫作君子说话有界限、行动有标准。

【故事】

孔子周游列国

孔子名叫孔丘，是鲁国陬邑（今山东曲阜东南）人。他的父亲是个地位不高的武官，在孔子三岁时就死了，是母亲一人把他拉扯大的。母亲带着他搬到曲阜住下来，把他抚养成人。据

荀子的教育智慧

孔子

孔子（前551年—前479年），名丘，字仲尼，春秋时期鲁国人。孔子是春秋末期的政治家、思想家、教育家。他还是儒家学派的创始人，世界十大思想家之一，有"万世师表"之称。

中国古代教育智慧

孔子讲学图

说他从小便很爱学礼节，没事时就摆上个小盆什么的，学着大人祭天祭祖的样子。

孔子年轻的时候，读书很用功。他十分崇拜周朝初年那位制礼作乐的周公，对于古礼极为熟悉。当时读书人应当学的"六艺"，也就是礼节、音乐、射箭、驾车、书写、计算，他都比较精通。他办事认真，做管理仓库的小吏时物资从来没有缺少过；后来又当了管理牧业的小吏，牛羊就繁殖得很多。还没到三十岁，名声就渐渐大了起来。

有些人愿意拜他做老师，他就索性办了个私塾，收起学生来。鲁国的大夫孟僖子临死时，嘱咐他的两个儿子孟懿子和南宫敬叔到孔子那儿去学礼。靠南宫敬叔的推荐，鲁昭公还让孔子到周朝的都城洛邑去考察周朝的礼乐。

孔子三十五岁那年，鲁昭公被鲁国掌权的三家大夫——季孙氏、孟孙氏、叔孙氏轰走了。孔子就到齐国去，求见齐景公，向齐景公谈了他的政治主张。齐景公待他很客气，还想用他，但是相国晏婴认为孔子的主张不切实际，结果齐景公便没用他。孔子再回到鲁国，仍旧教他的书，跟随孔子学习的学生已越来越多。

到了公元前501年，鲁定公派孔子做中都（今山东汶上县）宰，第二年，做了司空（管理工程的长官），后来又做了司寇（管司法的长

荀子的教育智慧

官）。

公元前500年，齐景公和晏婴想拉拢邻国鲁国和中原诸侯，欲重振齐桓公当年的霸业，就写信给鲁定公，约他在齐鲁交界的夹谷地方开个会。

那时，诸侯开会，需要有个大臣当助手，称为"相礼"。鲁定公决定让孔子来担任此职。

鲁定公把准备到夹谷跟齐国会盟的事告诉了孔子，孔子说："齐国屡次侵犯我边境，这次约我们会盟，我们也得有兵马防备着，希望把左右司马都带去。"

孔子周游列国

鲁定公同意孔子的主张，又派了两员大将带了些人马，随同他到夹谷去。

在夹谷会议上，由于孔子的相礼，鲁国取得了外交上的胜利。会后，齐景公决定把从鲁国侵占过来的汶阳（今山东泰安西南）地方的三处土地还给鲁国。

齐国的大夫认为孔子留在鲁国做官对齐国不利，就劝说齐景公给鲁定公送去一班女乐。齐景公同意了，就精心挑选了八十名歌女送到鲁国去。

鲁定公接受了这班女乐，天天吃喝玩乐，不管国家政事。孔子想劝说他，他却躲着孔子，这件事使孔子感到很失望。孔子的学生说："鲁君不办正事，咱们走吧！"

中国古代教育智慧

孔子与弟子

从此以后，孔子离开了鲁国，带着一批学生周游列国，希望找个机会实行他的政治主张。可是，那时大国都忙于争霸的战争、小国都面临着被吞并的危险，整个社会正在发生着极大变革，孔子宣传的关于恢复周朝初年礼乐制度的主张当然没有人能接受。

他先后到过卫国、曹国、宋国、郑国、陈国、蔡国、楚国等一些国家，但这些国家的国君都没有用他。

有一回，孔子在陈、蔡一带，楚昭王打发人来请他。陈、蔡的大夫怕孔子到了楚国，对他们不利，发兵在半路上把孔子截住。孔子被围困在那里，断了粮，几天都没吃上饭。后来，楚国派了兵来，才为他解了围。

孔子在列国奔波了七八年，碰了许多钉子，年纪也老了。最后，他还是回到鲁国，把精力放到整理古代文化典籍和教育学生上。

孔子在晚年还整理了几种重要的古代文化典籍，像《诗经》《尚书》《春秋》等。《诗经》是我国最早的一部诗歌总集，共收集了西周、春秋时期的诗歌三百零五篇，其中有不少是反映古代社会生活的民间歌谣，它在我国文学史上占有很重要的地位。《尚书》是一部我国上古历史文献的汇编。《春秋》是根据鲁国史料编成的一部历史书，它记载着从公元前722年到公元前481年的大事。

公元前479年，孔子去世。他死后，其弟

荀子的教育智慧

子继续传授他的学说，形成了儒家学派，孔子也成为儒家学派的创始人。孔子的学术思想在后世影响很大，他被公认为我国古代第一位大思想家、大教育家。

孔子塑像

四、不苟篇

【原文】

君子行不贵苟难,说不贵苟察,名不贵苟传,唯其当之为贵。故怀负石而赴河,是行之难为者也,而申徒狄①能之;然而君子不贵者,非礼义之中也。山渊平,天地比②,齐、秦袭③,入乎耳、出乎口,钩④有须,卵有毛,是说之难持者也,而惠施、邓析⑤能之;然而君子不贵者,非礼义之中也。盗跖吟口⑥,名声若日月,与舜、禹俱传而不息;然而君子不贵者,非礼义之中也。故曰:君子行不贵苟难,说不贵苟察,名不贵苟传,唯其当之为贵。《诗》曰:"物其有矣,唯其时矣。"此之谓也。

【注释】

①申徒狄:殷朝末年人,因恨道不行而抱石跳河自杀。

②比:相等。

③袭:合。

④钩:妇女。

⑤惠施、邓析:惠施,战国中期宋国人,曾任魏相,名家的代表人物之一。邓析,春秋时郑国人,刑名学家。

⑥吟口:道说于众人之口。

【译文】

君子对于行为,不以不正当的难能为可贵;对于学说,不以不正当的明察为宝贵;对于名声,不以不正当的流传为珍贵;只有行为、学说、名声符合了礼义才是宝贵的。所以怀里抱着石头而投河自杀,这是难以做到的行为,但申徒狄却能够这样做;然而君子并不推崇,是因为它不合礼义的中正之道。高山和深渊高低相等,天和地高低一样,齐国、秦国相毗连,从耳朵中进去从嘴巴里出来,女人有胡须,蛋有羽毛,这些都是难以把握的学说,但惠施、邓析却能论证它们;然而君子并不赏识,是因为它们不合礼义的中正之道。盗跖的名字常挂在人们嘴边,名声就像太阳、月亮一样无人不知,和舜、禹等一起流传而永不磨灭;然而君子并不珍重,是因为它不合礼义的中正之道。所以说:君子对于行为,不以不正当的难能为可贵;对于学说,不以不正当的明察为宝贵;对于名声,不以不正当的流传为珍贵;只有行为、学说、名声符合了礼义才是宝贵的。《诗》云:"既要有其物,又要得其时。"说的就是这个道理。

荀子的教育智慧

【原文】

君子易知而难狎①,易惧而难胁②,畏患而不避义死③,欲利而不为所非,交亲而不比,言辩而不辞。荡荡乎!其有以殊于世也。

【注释】

①狎:不合乎礼义的亲近。

②胁:逼迫恐吓。

③义死:为正义而死。

【译文】

君子容易结交,但难以勾搭;容易恐惧,

中国古代教育智慧

但难以胁迫；害怕祸患，但不逃避为正义而牺牲；希望得利，但不做自己认为是错误的事；与人结交很亲密，但不勾结；言谈雄辩，但不玩弄辞藻。胸怀是多么宽广啊！他是和世俗有所不同的。

【原文】

君子能亦好，不能亦好；小人能亦丑，不能亦丑。君子能，则宽容易直以开道①人；不能，则恭敬缚②绌③以畏事人。小人能，则倨傲僻违以骄溢④人；不能，则妒嫉怨诽以倾覆⑤人。故曰：君子能，则人荣学焉；不能，则人乐告之。小人能，则人贱学焉；不能，则人羞告之。是君子、小人之分也。

【注释】

①道：通"导"。
②缚：通"搏"，抑制。
③绌：减损，贬低，使不足。
④溢：水漫出来叫溢，引申指盛气凌人。
⑤倾覆：倾轧陷害。

【译文】

君子有才能是美好的，没有才能也是美好的；小人有才能也是丑恶的，没有才能也是丑恶的。君子有才能，就宽宏大量平易正直地来启发引导别人；没有才能，就恭恭敬敬谦虚退让来小心侍奉别人。小人有才能，就骄傲自大邪僻背理地来傲视欺凌别人；没有才能，就嫉妒怨恨诽谤来倾轧搞垮别人。所以说：君子有才能，那么别人就会把向他学习看作光荣；

没有才能,那么别人就会乐意告诉他知识。小人有才能,那么别人就会把向他学习看作为卑鄙;没有才能,那么别人就不愿意告诉他什么。这就是君子和小人的区别。

【原文】

君子宽而不僈①,廉而不刿②,辩而不争,察而不激,寡立③而不胜,坚强而不暴,柔从④而不流,恭敬谨慎而容。夫是之谓至文。《诗》曰:"温温恭人,惟德之基。"此之谓矣。

【注释】

①僈:通"慢",怠慢。

②刿:刺伤。

③寡立:寡,独特,指出众。寡立,鹤立鸡群的意思。

④柔从:柔和顺从。

【译文】

君子宽宏大量,但不懈怠马虎;方正守节,但不尖刻伤人;能言善辩,但不去争吵;洞察一切,但不过于激切;卓尔不群,但不盛气凌人;坚定刚强,但不粗鲁凶暴;宽柔和顺,但不随波逐流;恭敬谨慎,但待人宽容。这可以称为最文雅最合乎礼义的了。《诗》云:"温柔谦恭的人们,是以道德为根本。"说的就是这种人了。

【原文】

君子崇人之德,扬人之美,非谄谀也;正义①直指,举人之过,非毁疵也;言己之光美,拟于舜、禹,参于天地,非夸诞也;与时

屈伸，柔从若蒲苇，非慑怯②也；刚强猛毅，靡③所不信④，非骄暴也。以义变应、知当曲直故也。《诗》曰："左之左之，君子宜之；右之右之，君子有之。"此言君子能以义屈信变应故也。

【注释】

①义：通"议"。

②慑怯：胆小害怕。

③靡：无。

④信：通"伸"，不屈。

【译文】

君子推崇别人的德行，赞扬别人的优点，并不是出于谄媚阿谀；公正地议论、直接地指出别人的过错，并不是出于诋毁挑剔；说自己十分美好，可以和舜、禹相比拟，和天地相并列，并不是出于浮夸欺骗；随着时势或退缩或进取，柔顺得就像香蒲和芦苇一样，并不是出于懦弱胆怯；刚强坚毅，没有什么地方不挺直，并不是出于骄傲横暴。这些都是根据道义来随机应变、知道该屈曲就屈曲该伸直就伸直的缘故啊。《诗》云："该在左就在左，君子在左无不可；该在右就在右，君子在右也常有。"这说的是君子能够根据道义来屈伸进退随机应变的事。

【原文】

君子，小人之反也。君子大心则敬天而道，小心则畏义而节；知则明通而类，愚则端悫①而法；见由则恭而止，见闭则敬而齐；喜则和而治，忧则静而理；通则文而明，穷则约而详。小人则不然，大心则慢而暴，小心则淫而倾；知则攫②盗而渐，愚则毒贼而乱；见由则兑③而倨，见闭则怨而险；喜则轻而翾④，忧则挫而慑；通则骄而偏，穷则弃而儑⑤。传曰："君子两进，小人两废。"此之谓也。

【注释】

①悫：正直诚谨。

②攫：强夺。

③兑：通"悦"。

④翾：急。一说通"儇"，轻薄浮滑。

⑤儑：与"隰""濕"等为同源词，表示人格卑下。

【译文】

君子，是小人的反面。如果君子心往大的方面用，就会敬奉自然而遵循规律；如果心往小的方面用，就会敬畏礼义而有所节制；如果聪明，就会明智通达而触类旁通；如果愚钝，就会端正诚笃而遵守法度；如果被起用，就会恭敬而不放纵；如果不见用，就会戒慎而整治自己；如果高兴了，就会平和地去治理；如果忧愁了，就会冷静地去处理；如果显贵，就会文雅而明智；如果困窘，就会自我约束而明察事理。而小人就不是这样，如果心往大的方面用，就会傲慢而粗暴；如果心往小的方面用，就会邪恶而倾轧别人；如果聪明，就会巧取豪夺而用尽心机；如果愚钝，就会狠毒残忍而作乱；如果被起用，就会高兴而傲慢；如果

不见用，就会怨恨而险恶；如果高兴了，就会轻浮而急躁；如果忧愁了，就会垂头丧气而心惊胆战；如果显贵，就会骄横而不公正；如果困窘，就会自暴自弃而志趣卑下。古书上说："君子在相对的两种情况下都在进步，小人在相对的两种情况下都在堕落。"说的就是这种情况。

【原文】

君子治治，非治乱也。曷谓邪？曰：礼义之谓治，非礼义之谓乱也。故君子者，治礼义者也，非治非礼义者也。然则国乱将弗治与？曰：国乱而治之者，非案①乱而治之之谓也，去乱而被之以治。人污而修之者，非案污而修之之谓也，去污而易之以修。故去乱而非治乱也，去污而非修污也。治之为名，犹曰君子为治而不为乱、为修而不为污也。

【注释】

①案：通"按"，依据。

【译文】

君子整治有秩序的国家，而不整治混乱的国家。这是什么意思呢？这是说：符合礼义叫作有秩序，违背礼义叫作混乱。所以君子整治符合礼义的国家，而不整治违背礼义的国家。这样的话，那么国家混乱了就不去整治吗？回答说：国家混乱而去整治它，并不是说在混乱的基础上去整治它，而是要除去混乱，再给它加上有秩序。就像人的外表或思想肮脏了而去整治他一样，并不是说在肮脏的基础上去整治他，而是要除去肮脏而换上美好的外表或思想。除去混乱并不等于整治混乱，除去肮脏并不等于整治肮脏。整治作为一个概念，就等于说，君子只搞有秩序的而不搞混乱的、只搞美好的而不搞肮脏的。

【原文】

君子洁其身而同焉者合矣，善其言而类焉者应矣。故马鸣而马应之，牛鸣而牛应之，非知也，其势然也。故新浴者振①其衣，新沐者弹②其冠，人之情也。其谁能以己之潐潐③受人之掝掝④者哉？

【注释】

①振：抖动。
②弹：弹去，整理。
③潐潐：明亮洁白的样子。
④掝掝：混浊肮脏的样子。

【译文】

君子整洁自己的身心，因而与他志同道合的人就聚拢来了；完善自己的学说，因而与他观点相同的人就来响应了。所以马鸣叫就有马来应和它，牛鸣叫就有牛来应和它，这并不是因为它们懂事，而是那客观情势就是这样的。所以刚洗过澡的人总要抖一下自己的衣服，刚洗过头的人总要弹一下自己的帽子，这是人之常情啊。有谁能让自己的洁白蒙受别人的玷污呢？

【原文】

君子养心莫善于诚，致诚，则无它事矣，

荀子的教育智慧

中国古代教育智慧

唯仁之为守，唯义之为行。诚心守仁则形，形则神，神则能化矣；诚心行义则理，理则明，明则能变矣。变化代兴，谓之天德①。天不言而人推高焉，地不言而人推厚焉，四时不言而百姓期焉：夫此有常以至其诚者也。君子至德，嘿②然而喻，未施而亲，不怒而威：夫此顺命以慎其独者也。善之为道者：不诚，则不独；不独，则不形；不形，则虽作于心，见于色，出于言，民犹若③未从也；虽从必疑。天地为大矣，不诚则不能化万物；圣人为知矣，不诚则不能化万民；父子为亲矣，不诚则疏；君上为尊矣，不诚则卑。夫诚者，君子之所守也，而政事之本也。唯所居，以其类至④；操之，则得之；舍之，则失之。操而得之，则轻；轻，则独行；独行而不舍，则济矣。济而材尽，长迁而不反其初，则化矣。

【注释】

①天德：合乎自然规律的德行。改革旧制叫作变，引诱向善叫作化，这种除旧布新的德行交相为用，就像天道阴阳更替一般，所以称为"天德"。

②嘿：同"默"。

③若：然。

④唯所居，以其类至：指天地诚则能化万物，圣人诚则能化万民，父子诚则亲，君上诚则尊。

【译文】

君子保养身心没有比真诚更好的了，做到

荀子的教育智慧

了真诚，那就没有其他的事情了，只要守住仁德，只要奉行道义就行了。真心实意地坚持仁德，仁德就会在行为上表现出来。仁德在行为上表现出来，就显得神明，显得神明，就能感化别人了；真心实意地奉行道义，就会变得理智，理智了，就能明察事理，明察事理，就能改造别人了。改造感化轮流起作用，这叫作天德。上天不说话而人们都推崇它高远，大地不说话而人们都推崇它深厚，四季不说话而百姓都知道春、夏、秋、冬变换的时期：这些都是有了常规因而达到真诚的。君子有了极高的德行，虽沉默不言，人们也都明白；没有施舍，人们却亲近他；不用发怒，就很威严：这是顺从了天道因而能在独自一人时也谨慎不苟的人。君子改造感化人之道是这样的：如果不真诚，就不能慎独；不能慎独，道义就不能在日常行动中表现出来；道义不能在日常行动中表现出来，那么即使发自内心，表现在脸色上，发表在言论中，人们仍然不会顺从他；即使顺从他，也一定迟疑不决。天地要算大的了，不真诚就不能化育万物；圣人要算明智的了，不真诚就不能感化万民；父子之间要算亲密的了，不真诚就会疏远；君主要算尊贵的了，不真诚就会受到鄙视。真诚，是君子的操守，政治的根本。只要立足于真诚，同类就会聚拢来了；保持真诚，会获得同类；丢掉真诚，会失去同类。保持真诚而获得了同类，那么感化他们就容易了；感化他们容易了，那么慎独的作

风就能流行了；慎独的作风流行了再紧抓不放，那么人们的真诚就养成了。人们的真诚养成了，他们的才能就会完全发挥出来，永远地使人们趋向于真诚而不回返到他们邪恶的本性上，那么他们就完全被感化了。

【原文】

君子位尊而志恭，心小而道大；所听视者近，而所闻见者远。是何邪？则操术然也。故千人万人之情，一人之情是也；天地始者，今日是也；百王之道，后王是也。君子审①后王之道，而论②于百王之前，若端拜③而议。推礼义之统，分是非之分，总天下之要，治海内之众，若使一人。故操弥④约而事弥大；五寸之矩，尽天下之方也。故君子不下室堂而海内之情举⑤积此者，则操术然也。

【注释】

①审：仔细思考，反复分析、推究。
②论：考查。
③端拜：正身拱手。
④弥：更加。
⑤举：都。

【译文】

君子地位尊贵了，而内心仍很恭敬，心只有方寸之地，但心怀的理想却很远大；能听到、能看到的很近，而听见、看见的东西却很远。这是为什么呢？是君子掌握了一定的方法才能这样。因为那千千万万个人的心情，和一个人的心情是一样的；天地开辟时的情况，和今天是一样的；上百代帝王的统治之道，和后代帝王是一样的。君子审察了当代帝王的统治之道，从而再去考查上百代帝王之前的政治措施，就像端正身体拱着手来议论之从容不劳。推究礼义的纲领，分清是非的界限，总揽天下的要领，用来治理海内的民众，就像役使一个人一样。所以掌握的方法越简约，能办成的事业就越大；就像五寸长的曲尺，能够画出天下所有的方形一样。所以君子不用走出内室厅堂而天下的情况就都聚集在他这里了，这是因为掌握了一定的方法才使他这样的啊。

【原文】

　　有通士者，有公士者，有直士者，有悫士者，有小人者。上则能尊君，下则能爱民，物至而应，事起而辨①，若是则可谓通士矣。不下比以暗上，不上同以疾下，分争于中，不以私害之，若是则可谓公士矣。身之所长，上虽不知，不以悖②君；身之所短，上虽不知，不以取赏；长短不饰，以情自竭，若是则可谓直士矣。庸言必信之，庸行必慎之，畏法流俗，而不敢以③其所独甚④，若是则可谓悫士矣。言无常信，行无常贞，唯利所在，无所不倾，若是则可谓小人矣。

【注释】

①辨：通"悖"，治理。
②悖：掩蔽，引申为隐瞒。
③以：为。
④甚：通"湛""耽"，特别爱好。

中国古代教育智慧

【译文】

有通达事理的人，有公正无私的人，有耿直爽快的人，有拘谨老实的人，还有小人。上能尊敬君主，下能爱抚民众，事情来了能应付，事件发生了能处理，像这样就可以称为通达事理的人了。不在下面互相勾结去愚弄君主，不向上迎合君主去残害臣民，在一些事情上有了分歧争执，不因为个人的利益去陷害对方，像这样就可以称为公正无私的人了。本身的长处，君主即使不知道，也不将它瞒过君主；本身的短处，君主即使不知道，也不靠它骗取奖赏；长处短处都不加掩饰，将真实的情况主动地暴露无遗，像这样就可以称为耿直爽快的人了。说一句平常的话也一定老老实实，做一件平常的事也一定小心谨慎，不敢效法流行的习俗，也不敢干他个人特别爱好的事，像这样就可以称为拘谨老实的人了。说话经常不老实，行为经常不忠贞，只要是有利可图的地方，就没有不使他倾倒的，像这样就可以称为小人了。

【原文】

公生明，偏生暗；端悫①生通，诈伪②生塞③；诚信生神，夸诞生惑。此六生者，君子慎之，而禹、桀所以分也。

【注释】

①悫：诚实，谨慎。
②诈伪：巧诈虚伪。
③塞：闭塞。

【译文】

公正会产生聪明,偏私会产生愚昧;端正谨慎会产生通达,欺诈虚伪会产生闭塞;真诚老实会产生神明,大言自夸会产生糊涂。这六种相生,君子要谨慎对待,也是禹和桀不同的地方。

【原文】

欲恶取舍之权①:见其可欲也,则必前后虑其可恶也者;见其可利也,则必前后虑其可害也者;而兼权之,孰计之,然后定其欲恶取舍。如是则常不失陷矣。凡人之患,偏②伤之也:见其可欲也,则不虑其可恶也者;见其可利也,则不顾其可害也者。是以动则必陷,为则必辱,是偏伤之患也。

【注释】

①权:衡量,估计。
②偏:不全面,不正确。

【译文】

是追求还是厌恶、是摄取还是舍弃的权衡标准是:看见那可以追求的东西,就必须前前后后考虑一下它可厌的一面;看到那可以得利的东西,就必须前前后后考虑一下它可能造成的危害;两方面权衡一下,仔细考虑一下,然后决定是追求还是厌恶、是摄取还是舍弃。像这样就往往不会失误了。大凡人们的祸患,往往是片面性害了他们:看见那可以追求的东西,就不考虑它可厌的一面;看到那可以得利的东西,就不去反顾一下它可能造成的危

荀子的教育智慧

害。因此行动起来就必然失足,干了就必然受辱,这是片面性害了他们而造成的祸患啊。

【原文】

人之所恶者,吾亦恶之。夫富贵者则类①傲之,夫贫贱者则求②柔之,是非仁人之情也,是奸人将以盗名于晻③世者也,险莫大焉。故曰:"盗名不如盗货。"田仲④、史鳅⑤不如盗也。

【注释】

①类:皆,都。

②求:尽,都。

③晻:同"暗"。

④田仲:又叫陈仲子,战国时齐国人,其兄在齐国做官。他认为兄之禄为不义之禄,兄之室为不义之室,便离兄独居,不食兄禄,故以廉洁清高著称。

⑤史鳅:字子鱼,故又叫史鱼,春秋时卫国大夫。曾劝说卫灵公罢免弥子瑕,临死时叫儿子不要入殓,以尸谏灵公来尽忠,孔子称颂他正直。

【译文】

别人所厌恶的,我也厌恶它。对那富贵的人一律傲视,对那贫贱的人一味屈就,这并不是仁人的感情,这是奸邪的人用来在黑暗的社会里盗取名誉的做法,其用心再险恶没有了。所以说:"欺世盗名的不如偷窃财物的。"田仲、史鳅还不如贼。

【故事】

董狐书法不隐

董狐，春秋晋国太史，亦称史狐。周大史辛有的后裔，因董督典籍，故姓董氏。据说今翼城县东二十五千米的良狐村，就是其故里。董狐秉笔直书的事迹，开了我国史学直笔传统的先河。

当时晋国的国君就是臭名昭著的晋灵公。他在位期间，不但搜刮民财、增加苛捐杂税，还时常在城楼上用弹弓射街上来来往往的行人，以此取乐。有一次，他的厨师为他炖熊掌，因为没有炖烂，他一怒之下竟然把厨师给杀了，并命人分尸八块，用竹篓装了，抛尸荒野。

晋国有个大臣叫赵盾，看到晋灵公这样的残忍昏庸，担心晋国将来会毁在他手里，于是就劝他不要再这样做。可是晋灵公不但不听，反而对赵盾耿耿于怀，心里算计着一定要除掉这个让他不高兴的人。

一天，晋灵公请赵盾喝酒，其实是想趁此将赵盾杀了。晋灵公早就安排了十几个士兵埋伏在屋子周围，只要他发出命令，这些人就会一起出来杀了赵盾。当两人喝到酒足饭饱之时，晋灵公就大喝一声，要士兵们出来，一起围攻赵盾。幸亏赵盾武艺高强，又得到一个他曾经周济过的人的帮助，才逃了出来。

后来，赵盾的一个族弟找了个机会把晋灵

董狐

中国古代教育智慧

赵盾进谏

公给杀了,立了新的国君,重新把在外逃难的赵盾接了回来,让其官复原职。

那时候,君主再昏庸也是不能杀的,作为臣子的杀害君王是不忠不义的表现,无论如何谁也不想承担杀君弑主的罪名。于是,赵盾就想看一看史官是如何记载这件事情的。

一天下午,赵盾来到当时负责编写晋国国史的太史官董狐那里。他看了记录这段历史的竹简后,很是生气地对董狐说:"晋灵公死的时候我并不在朝中,怎么能说是我杀的呢?你这样胡乱给我安插罪名,不是污蔑朝廷命官吗?你这是要被杀头的!"

董狐不慌不忙地说:"您是正卿,逃亡却不出国境,回朝后又不讨伐国家的乱臣,您说在这件事情上,您是不是主谋呢?"

赵盾一听,觉得这件事的确因己而起,但他还是说:"还是修改一下吧,改了对大家都好。您看如何?"

而董狐却严肃地说:"作为一个史官,最重要的就是实事求是,黑就是黑,白就是白,来不得半点虚假,否则就是对后人的欺骗。作为史官,我的职责就是记录真实的历史,让我为了个人私利去改写历史,是无论如何也做不到的。"

赵盾听到这里脸色变得异常难看,真想杀了董狐,可是董狐却面不改色,接着说:"作为一个史官,丢了脑袋对我而言是件小事,丢掉了作为一个史官应有的节操可是大事。"

荀子的教育智慧

赵盾听了董狐的话，虽然心中还是有气，但是觉得他说得也有道理，被他诚实的品德所感动，也就没有再说什么，而且此后也没有为难董狐。

后世绘"董狐直笔"

当时的史官与后世大有不同，他们既典史策，又充秘书，即协助君臣执行治国的法令条文。传宣王命、记功司过是他们的具体职责，兼有治史和治政的双重任务，实际上就是具有褒贬臧否大权的文职大臣。当时记事的"书法"依礼制定，礼的核心在于维护君臣大义，赵盾不讨伐弑君乱臣，失了君臣大义，故董狐定之以弑君之罪。对此，孔子大加赞扬，称董狐为"书法不隐"的"古之良史"，后世据以称之为"良狐"，以表褒美之意。这是因为在礼崩乐坏的春秋时期，权臣掌握国命，有着生杀予夺的大权，以礼义为违合的书法原则早已失去了它的威严，坚持这一原则并非都能受到赞扬，而往往会招来杀身之祸。齐国太史就因为写了权臣崔杼的"弑君"之罪，结果弟兄二人接连被杀。董狐的直笔，自然也是冒着风险的。因此，孔子赞扬他、后人褒美他，正是表彰其坚持原则的刚直精神。这种精神已为后世正直的史官坚持不懈地继承下来，成为我国史德传统中最为高尚的道德情操。

五、性恶篇

【原文】

人之性恶，其善者伪①也。今②人之性，生而有好利焉，顺是，故争夺生而辞让亡焉；生而有疾③恶焉，顺是，故残贼生而忠信亡焉；生而有耳目之欲，有好声色焉，顺是，故淫乱生而礼义文理④亡焉。然则从⑤人之性，顺人之情，必出于争夺，合于犯分乱理而归于暴。故必将有师法之化⑥、礼义之道⑦，然后出于辞让，合于文理，而归于治。用此观之，然则人之性恶明矣，其善者伪也。

【注释】

①伪：假的，不真实的。
②今：犹"夫"，发语词。
③疾：通"嫉"，嫉妒。
④文理：礼仪。
⑤从：通"纵"。
⑥师法之化：老师和法制的教化。
⑦道：通"导"。

【译文】

人的本性是邪恶的，他们那些善良的行为是后天人为的。人的本性，一生下来就有喜欢财利之心，依顺这种人性，所以争抢掠夺就产生了，而推辞谦让就消失了；一生下来就有妒忌憎恨的心理，依顺这种人性，所以残杀陷害就产生了，而忠诚守信就消失了；一生下来就有耳朵、眼睛的贪欲，有喜欢音乐、美色的本能，依顺这种人性，所以淫荡混乱就产生了，而礼义法度就消失了。这样看来，放纵人的本性，依顺人的情欲，就一定会出现争抢掠夺，一定会和违反等级名分、扰乱礼义法度的行为合流，而最终趋向于暴乱。所以一定要有师长和法度的教化、礼义的引导，然后人们才会从推辞谦让出发，遵守礼法，而最终趋向于安定太平。由此看来，人的本性是邪恶的就很明显了，他们那些善良的行为则是后天人为的。

荀子的教育智慧

【原文】

故枸①木必将待檃栝②、烝③、矫然后直，钝金④必将待砻⑤、厉⑥然后利。今人之性恶，必将待师法然后正，得礼义然后治。今人无师法则偏险而不正，无礼义则悖乱而不治。古者圣王以人之性恶，以为偏险而不正，悖乱而不治，是以为之起礼义、制法度，以矫饰⑦人之情性而正之，以扰化人之情性而导之也。使皆出于治，合于道者也。今之人，化师法，积文学，道礼义者为君子；纵性情，安恣睢⑧而违礼义者为小人。用此观之，然则人之性恶明矣，其善者伪也。

【注释】

①枸：通"钩"，弯曲。

②檃栝：竹木的整形工具。

③烝：同"蒸"，用蒸气加热，这是为了使被矫正的木材柔软以便矫正。

④金：金属之器，指有锋刃的武器或工具。

⑤砻：磨。
⑥厉：通"砺"，磨。
⑦饰：通"饬"，整治。
⑧恣睢：放纵暴戾。

【译文】

所以弯曲的木料一定要依靠整形器进行薰蒸、矫正，然后才能挺直；不锋利的金属器具一定要依靠磨砺，然后才能锋利。人邪恶的本性，一定要依靠师长和法度的教化才能端正，要得到礼义的引导才能治理好。人没有师长和法度，就会偏邪险恶而不端正；没有礼义，就会叛逆作乱而不守秩序。古代圣明的君王认为人的本性是邪恶的，认为人是偏邪险恶而不端正、叛逆作乱而不守秩序的，因此给他们建立了礼义、制定了法度，用来强制整治人们的性情而端正他们，用来驯服感化人们的性情而引导他们。使他们都能从遵守秩序出发、合乎正确的道德原则。现在的人，能够被师长和法度所感化，积累文献经典方面的知识、遵行礼义的，就是君子；纵情任性、习惯于恣肆放荡而违反礼义的，就是小人。由此看来，那么人的本性是邪恶的就很明显了，他们那些善良的行为则是后天人为的。

【原文】

孟子曰："人之学者，其性善。"曰：是不然。是不及①知人之性，而不察乎人之性、伪之分者也。凡性者，天之就也，不可学，不可事②；礼义者，圣人之所生也，人之所学而能，所事而成者也。不可学、不可事而在人者谓之性，可学而能、可事而成之在人者谓之伪，是性、伪之分也。

【注释】

①及：达到，够。
②事：从事，做，人为。

【译文】

孟子说："人们要学习的，是那本性的善良。"我说：这是不对的。这是还没有能够了解人的本性，而且也不明白人的先天本性和后天人为之间的区别的一种说法。大凡本性，是天然造就的，是不可能学到的，是不可能人为造作的。礼义，才是圣人创建的，是人们学了才会、努力从事才能做到的。人身上不可能学到、不可能人为造作的东西，叫作本性；人身上可以学会、可以通过努力从事而做到的，叫作人为，这就是先天本性和后天人为的区别。

【原文】

今人之性，目可以见，耳可以听。夫可以见之明不离目，可以听之聪不离耳，目明而耳聪，不可学明矣。孟子曰："今人之性善，将皆失丧其性故也。"曰：若是，则过矣。今人之性，生而离其朴，离其资①，必失而丧之。用此观之，然则人之性恶明矣。所谓性善者，不离其朴②而美之，不离其资而利之也。使③夫资朴之于美，心意之于善，若夫可以见之明不离目，可以听之聪不离耳。故曰目明而耳聪也。今人之性，饥而欲饱，寒而欲暖，劳而欲休，

中国古代教育智慧

此人之情性④也。今人饥，见长而不敢先食者，将有所让也；劳而不敢求息⑤者，将有所代也。夫子之让乎父、弟之让乎兄，子之代乎父、弟之代乎兄，此二行者，皆反于性而悖于情也。然而孝子之道，礼义之文理也。故顺情性则不辞让矣，辞让则悖于情性矣。用此观之，然则人之性恶明矣，其善者伪也。

【注释】

①资：资质，指所谓天生的才能、性情。
②朴：本质，本性。
③使：犹"夫"，提示之词。
④情性：本性。
⑤息：休息。

【译文】

人的本性，眼睛可以用来看，耳朵可以用来听。那可以用来看东西的视力离不开眼睛，可以用来听声音的听力离不开耳朵。眼睛的视力和耳朵的听力不可能学到是很清楚的了。孟子说："人的本性是善良的，他们的作恶一定都是丧失了他们的本性的缘故啊。"我说：像这样来解释就错了。孟子所谓本性善良，是指不离开他的素质而觉得他很美，不离开他的资质而觉得他很好。那天生的资质和美的关系、心意和善良的关系就像那可以看东西的视力离不开眼睛、可以听声音的听力离不开耳朵一样罢了。所以说资质的美和心意的善良就像眼睛的视力和耳朵的听力一样。如果人的本性生来就脱离他的素质、脱离他的资质，一定会丧失他的美和善良，由此看来，那么人的本性是邪恶的就很明显了。人的本性，饿了想吃饱，冷了想穿暖，累了想休息，这些就是人的情欲和本性。人饿了，看见父亲兄长而不敢先吃，这是因为要有所谦让；累了，看见父亲兄长而不敢要求休息，这是因为要有所代劳。儿子对父亲谦让，弟弟对哥哥谦让；儿子代替父亲操劳，弟弟代替哥哥操劳，这两种德行，都是违反本性而背离情欲的，但却是孝子的原则、礼义的制度。所以依顺情欲本性就不会推辞谦让了，推辞谦让就违背情欲本性了。由此看来，那么人的本性是邪恶的就很明显了，他们那些善良的行为则是后天人为的。

【原文】

问者曰："人之性恶，则礼义恶生？"应之曰：凡礼义者，是生于圣人之伪，非故①生于人之性也。故陶人埏②埴③而为器，然则器生于陶人之伪，非故生于人之性也。故工人斫木而成器，然则器生于工人之伪，非故生于人之性也。圣人积思虑，习伪故，以生礼义而起法度，然则礼义法度者，是生于圣人之伪，非故生于人之性也。若夫目好色、耳好声、口好味、心好利、骨体肤理④好愉佚，是皆生于人之情性者也，感而自然⑤，不待⑥事⑦而后生之者也。夫感而不能然，必且待事而后然者，谓之生于伪。是性、伪之所生，其不同之征也。故圣人化性而起伪，伪起而生礼义，礼义生而制法度。然则礼义法度者，是圣人之所生也。故

荀子的教育智慧

圣人之所以同于众，其不异于众者，性也；所以异而过众者，伪也。夫好利而欲得者，此人之情性也。假之人有弟兄资财而分者，且顺情性，好利而欲得，若是，则兄弟相拂⑧夺矣；且化礼义之文理，若是，则让乎国人矣。故顺情性则弟兄争矣，化礼义则让乎国人矣。

【注释】

①故：通"固"，本来，原先。

②埏：以水和土并揉捏捶击。

③埴：细密的黄黏土。

④肤理：皮肤的纹理。

⑤然：形成。

⑥待：通"恃"。

⑦事：从事。

⑧拂：违戾，不顺。

【译文】

有人问："人的本性是邪恶的，那么礼义是从哪里产生出来的呢？"我回答他说：所有的礼义，都产生于圣人的人为努力，而不是原先产生于人的本性。制作陶器的人搅拌揉打黏土而制成陶器，那么陶器产生于陶器工人的人为努力，而不是原先产生于人的本性。木工砍削木材而制成木器，那么木器产生于木工的人为努力，而不是原先产生于人的本性。圣人深思熟虑、熟悉人为的事情，从而使礼义产生了、使法度建立起来了，那么礼义法度便是产生于圣人的人为努力，而不是原先产生于人的本性。至于那眼睛爱看美色、耳朵爱听音乐、嘴巴爱吃美味、内心爱好财利、身体喜欢舒适安逸，这些才都是产生于人的本性的东西，是一有感觉就自然形成、不依赖于人为的努力就会产生出来的东西。那些并不由感觉形成、一定要依靠努力从事然后才能形成的东西，便叫作产生于人为。这便是先天本性和后天人为所产生的东西及其不同的特征。圣人改变了邪恶的本性而做出了人为的努力，人为的努力做出后就产生了礼义，礼义产生后就制定了法度。那么礼义法度这些东西，便是圣人所创制的了。圣人和众人相同而跟众人没有什么不同的地方，是先天的本性；圣人和众人不同而又超过众人的地方，是后天的人为努力。那爱好财利而希望得到，这是人的本性。假如有人弟兄之间要分财产而依顺爱好财利而希望得到的本性，那么兄弟之间也会反目为仇、互相争夺了；如果受到礼义规范的教化，那就会推让给国内所有的人了。所以依顺本性，那就兄弟相争；受到礼义教化，那就会推让给国内所有的人了。

【原文】

凡人之欲为善者，为性恶也。夫薄愿①厚，恶愿美，狭愿广，贫愿富，贱愿贵，苟②无之中者，必求于外；故富而不愿财，贵而不愿势，苟有之中者，必不及于外。用此观之，人之欲为善者，为性恶也。今人之性，固无礼义，故强学而求有之也；性不知礼义，故思虑而求知之也。然则性而已，则人无礼义，不知礼义。

人无礼义则乱，不知礼义则悖。然则性而已，则悖乱在己。用此观之，人之性恶明矣，其善者伪也。

【注释】

①愿：希望。

②苟：若，如果，假使。

【译文】

一般地说，人们想行善，正是因为其本性邪恶的缘故。那微薄的希望丰厚，丑陋的希望美丽，狭窄的希望宽广，贫穷的希望富裕，卑贱的希望高贵，如果本身没有它，就一定要向外去追求；所以富裕了就不羡慕钱财，显贵了就不羡慕权势，如果本身有了它，就一定不会向外去追求了。由此看来，人们想行善，实是因为其本性邪恶的缘故。人的本性，本来是没有什么礼义观念的，所以才努力学习而力求掌握它；本性是不懂礼义的，所以才开动脑筋而力求了解它。那么如果只有本性，人就不会有礼义，就不会懂得礼义。人没有礼义就会混乱无序，不懂礼义就会悖逆不道。那么如果人只有本性，在他身上就只有逆乱了。由此看来，人的本性是邪恶的就很明显了，他们那些善良的行为则是后天人为的。

【原文】

孟子曰："人之性善。"曰：是不然。凡古今天下之所谓善者，正理平治也；所谓恶者，偏险①悖乱也。是善恶之分也已。今诚以人之性固正理平治邪，则有②恶③用圣

荀子的教育智慧

王，恶用礼义矣哉！虽有圣王礼义，将曷加于正理平治也哉！今不然，人之性恶。故古者圣人以人之性恶，以为偏险而不正，悖乱而不治，故为之立君上之势以临之，明礼义以化之，起法正以治之，重刑罚以禁之，使天下皆出于治，合于善也。是圣王之治，而礼义之化也。今当试④去君上之势，无礼义之化，去法正之治，无刑罚之禁，倚而观天下民人之相与也，若是，则夫强者害弱而夺之，众者暴寡而哗⑤之，天下悖乱而相亡不待顷矣。用此观之，然则人之性恶明矣，其善者伪也。

【注释】

①偏险：偏颇邪僻。

②有：通"又"。

③恶：哪里。

④当试：与"尝试""当使"相通，等于说"倘使""倘若"。

⑤哗：当作"跨"，犹据，言众者据寡者之上处使之出己之下。

【译文】

孟子说："人的本性是善良的。"我说：这不对。凡是从古到今、普天之下所谓的善良，是指端正顺理安定有秩序；所谓的邪恶，是指偏邪险恶悖逆作乱。这就是善良和邪恶的区别。果真认为人的本性本来就是端正顺理安定守秩序的吧，那么又哪里用得着圣明的帝王、哪里用得着礼义了呢？即使有了圣明的帝

中国古代教育智慧

王和礼义,在那端正顺理安定守秩序的本性上又能增加些什么呢?其实并不是这样,人的本性是邪恶的。古代的圣人认为人的本性是邪恶的,认为人是偏邪险恶而不端正、悖逆作乱而不守秩序的,所以给他们确立了君主的权势去统治他们,彰明了礼义去教化他们,建立起法治去管理他们,加重刑罚去限制他们,使天下人都从遵守秩序出发、符合于善良的标准。这就是圣明帝王的治理和礼义的教化。如果抛掉君主的权势,没有礼义的教化,废弃法治的管理,没有刑罚的制约,站在一边观看天下民众的相互交往,那么,那些强大的就会侵害弱小的而掠夺他们,人多的就会欺凌人少的而压制他们,天下人悖逆作乱而各国互相灭亡的局面不等片刻就会出现了。由此看来,那么人的本性是邪恶的就很明显了,他们那些善良的行为则是后天人为的。

【原文】

故善言古者必有节①于今,善言天者必有征于人。凡论者,贵其有辨②合,有符③验。故坐而言之,起而可设,张而可施行。今孟子曰"人之性善。"无辨合符验,坐而言之,起而不可设,张而不可施行,岂不过甚矣哉!故性善则去圣王,息礼义矣;性恶则与圣王,贵礼义矣。故檃栝之生,为枸木也;绳墨④之起,为不直也;立君上,明礼义,为性恶也。用此观之,然则人之性恶明矣,其善者伪也。

荀子的教育智慧

【注释】

①节：符合，验证。

②辨：通"别"，即"别券"，或称"傅别"，是古代的一种凭证，将一券剖分为两半而成，故称"别券"，双方各执一半（一"别"）为据，验证时将两"别"相合，即可定其真伪。它与如今凭骑缝章核对票据的原理相似。

③符：古代朝廷传达命令或征调兵将用的凭证。

④绳墨：木工打直线的墨线。

【译文】

善于谈论古代的人，一定对现代有验证；善于谈论天的人，一定对人事有应验。凡是议论，可贵的在于像契券般可核对、像信符般可检验。所以坐着谈论它，站起来就可以部署安排，推广出去就可以实行。现在孟子说"人的本性是善良的"，没有与它相契合的证据及可以验证的凭据，坐着谈论它，站起来不能部署安排，推广出去不能实行，这难道不是错得很厉害了吗？认为人的本性善良，那就会摒除圣明的帝王、取消礼义了；认为人的本性邪恶，那就会拥护圣明的帝王、推崇礼义了。整形器的产生，是因为有弯曲的木料；墨线墨斗的出现，是因为有不直的东西；置立君主，彰明礼义，是因为人的本性邪恶。由此看来，那么人的本性是邪恶的就很明显了，他们那些善良的行为则是后天人为的。

中国古代教育智慧

【原文】

直①木不待檃栝而直者，其性直也；枸木②必将待檃栝、烝、矫然后直者，以其性不直也。今人之性恶，必将待圣王之治、礼义之化，然后皆出于治，合于善也。用此观之，然则人之性恶明矣，其善者伪也。

【注释】

①直：笔直，不弯曲。

②枸木：曲木。

【译文】

笔直的木材不依靠整形器就笔直，因为它的本性就是笔直的。弯曲的木材一定要依靠整形器进行薰蒸矫正然后才能挺直，因为它的本性不直。人的本性邪恶，一定要依靠圣明帝王的治理、礼义的教化，然后才能都从遵守秩序出发、合乎善良的标准。由此看来，那么人的本性是邪恶的就很明显了，他们那些善良的行为则是后天人为的。

【原文】

问者曰："礼义积伪①者，是人之性，故圣人能生之也。"应之曰：是不然。夫陶人埏埴而生瓦，然则瓦埴②岂陶人之性也哉？工人斫木而生器，然则器木③岂工人之性也哉？夫圣人之于礼义也，辟④则陶埏而生之也，然则礼义积伪者，岂人之本性也哉？凡人之性者，尧、舜之与桀、跖，其性一也；君子之与小人，其性一也。今将以礼义积伪为人之性邪？然则有⑤曷贵尧、禹，曷贵君子矣哉？凡所贵尧、禹、君

·140·

子者，能化性，能起伪，伪起而生礼义。然则圣人之于礼义积伪也，亦犹陶埏⑥而生之也。用此观之，然则礼义积伪者，岂人之性也哉？所贱于桀、跖、小人者，从其性，顺其情，安恣睢，以出乎贪利争夺。故人之性恶明矣，其善者伪也。

【注释】

①礼义积伪：使积伪为礼义。"礼义"用作使动词。

②瓦埴：使埴为瓦。"瓦"用作使动词。

③器木：使木为器。"器"用作使动词。

④辟：通"譬"。

⑤有：通"又"。

⑥陶埏：指陶人把陶土放入模型中制成陶器，比喻造就培育。

【译文】

有人说："积累人为因素而制定成礼义，这也是人的本性，所以圣人才能创造出礼义来啊。"回答他说：这不对。制作陶器的人搅拌揉打黏土而生产出瓦器，那么把黏土制成瓦器难道就是陶器工人的本性吗？木工砍削木材而造出器具，那么把木材制成器具难道就是木工的本性吗？圣人对于礼义，打个比方来说，也就像陶器工人搅拌揉打黏土而生产出瓦器一样，那么积累人为因素而制定成礼义，难道就是人的本性了吗？凡是人的本性，圣明的尧、舜和残暴的桀、跖，他们的本性是一样的；有道德的君子和无行的小人，他们的本性是一样

的。如果要把积累人为因素而制定成礼义当作是人的本性,那么又为什么要推崇尧、禹,为什么要推崇君子呢?一般说来,人们之所以要推崇尧、禹、君子,是因为他们能改变自己的本性,能做出人为的努力,人为的努力做出后就产生了礼义。既然这样,圣人对于积累人为因素而制定成礼义,也就像陶器工人搅拌揉打黏土而生产出瓦器一样。由此看来,那么积累人为因素而制定成礼义,哪里是人的本性呢?人们之所以要鄙视桀、跖、小人,是因为他们放纵自己的本性,顺从自己的情欲,习惯于恣肆放荡,以致做出贪图财利争抢掠夺的暴行来。所以人的本性是邪恶的就很明显了,他们那些善良的行为则是后天人为的。

【原文】

天非私曾、骞①、孝己②而外众人也,然而曾、骞、孝己独厚于孝之实,而全于孝之名者,何也?以綦③于礼义故也。天非私齐、鲁之民而外秦人也,然而于父子之义、夫妇之别,不如齐、鲁之孝具④敬文⑤者,何也?以秦人之从情性、安恣睢、慢于礼义故也,岂其性异矣哉?

【注释】

①曾、骞:指曾参、闵子骞,都是孔子的学生,以孝著名。

②孝己:殷高宗的长子,也以孝著名。

③綦:极。

④孝具:孝道具备。

⑤敬文：恭敬有礼节，原文为"敬父"，依文义改。

【译文】

上天并不是偏袒曾参、闵子骞、孝己而抛弃众人，但是唯独曾参、闵子骞、孝己丰富了孝道的实际内容而成全了孝子的名声，为什么呢？因为他们竭力奉行礼义的缘故啊。上天并不是偏袒齐国、鲁国的人民而抛弃秦国人，但是在父子之间的礼义、夫妻之间的分别上，秦国人不及齐国人、鲁国人孝顺恭敬、严肃有礼，为什么呢？因为秦国人纵情任性、习惯于恣肆放荡而怠慢礼义的缘故啊，哪里是他们的本性不同呢？

【原文】

"涂之人①可以为禹②。曷谓也？"曰：凡禹之所以为禹者，以其为仁义法正也。然则仁义法正有可知可能之理，然而涂之人也，皆有可以知仁义法正之质，皆有可以能仁义法正之具，然则其可以为禹明矣。今以仁义法正为固无可知可能之理邪？然则唯③禹不知仁义法正，不能仁义法正也。将使涂之人固无可以知仁义法正之质，而固无可以能仁义法正之具邪？然则涂之人也，且内不可以知父子之义，外不可以知君臣之正。今不然。涂之人者，皆内可以知父子之义，外可以知君臣之正，然则其可以知之质、可以能之具，其在涂之人明矣。今使涂之人者以其可以知之质，可以能之具，本④夫⑤仁义之可知之理，然则其可以为禹

· 143 ·

中国古代教育智慧

明矣。今使涂之人伏术为学，专心致志，思索孰察，加日⑥县⑦久，积善而不息，则通于神明，参于天地矣。故圣人者，人之所积而致也。

【注释】

①涂之人：涂，通"途"。涂之人，路上的人，指普通老百姓。

②禹：指圣贤之人。

③唯：通"虽"。

④本：掌握。

⑤夫：那。

⑥加日：累日。

⑦县：通"悬"，维系。

【译文】

"路上的普通人可以成为禹。这话怎么解释呢？"回答说：一般说来，禹之所以成为禹，是因为他能实行仁义法度。既然这样，仁义法度就具有可以了解、可以做到的性质，而路上的普通人，也都具有可以了解仁义法度的资质，都具有可以做到仁义法度的才具，既然这样，他们可以成为禹也就很明显了。如果认为仁义法度本来就没有可以了解、可以做到的性质，那么，即使是禹也不能了解仁义法度、不能实行仁义法度了。假如路上的人本来就没有可以了解仁义法度的资质，本来就没有可以做到仁义法度的才具，那么，路上的人将内不可能懂得父子之间的礼义、外不可能懂得君臣之间的准则，而实际上并不是这样。现在路上的人都是内能懂得父子之间的礼义、外能懂得君臣之间的准则，那么，那些可以了解仁义法度的资质、可以做到仁义法度的才具，存在于路上的人身上也就很明显了。现在如果使路上的人用他们可以了解仁义的资质、可以做到仁义的才具，去掌握具有可以了解、可以做到的性质的仁义，那么，他们可以成为禹也就很明显了。现在如果使路上的人信服道术进行学习，专心致志，思考探索仔细审察，日复一日持之以恒，积累善行而永不停息，那就能通于神明，与天地相并列了。所以，圣人是一般的人积累善行而达到的。

【原文】

曰："圣可积而致，然而皆不可积，何也？"曰：可以而不可使①也。故小人可以为君子而不肯为君子，君子可以为小人而不肯为小人。小人、君子者，未尝不可以相为也，然而不相为者，可以而不可使也。故涂之人可以为禹则然，涂之人能为禹，未必然也。虽不能为禹，无害可以为禹。足可以遍行天下，然而未尝有能遍行天下者也。夫工匠农贾，未尝不可以相为事也，然而未尝能相为事也。用此观之，然则可以为，未必能也；虽不能，无害可以为。然则能不能之与可不可，其不同远矣，其不可以相为明矣。

【注释】

①使：迫使，指由别人迫使他去做到。

【译文】

有人说："圣人可以通过积累善行而

中国古代教育智慧

达到,但是一般人都不能积累善行,为什么呢?"回答说:可以做到,却不可强迫他们做到。小人可以成为君子而不肯做君子,君子可以成为小人而不肯做小人。小人和君子,未尝不可以互相对调着做,但是他们没有互相对调着做,是因为可以做到却不可强迫他们做到啊。所以,路上的普通人可以成为禹,那是对的;路上的人都能成为禹,就不一定对了。虽然没有能成为禹,但并不妨害可以成为禹。脚可以走遍天下,但是还没有能走遍天下的人。工匠、农夫、商人,未尝不可以互相调换着做事,但是没有能互相调换着做事。由此看来,可以做到,不一定就能做到;即使不能做到,也不妨害可以做到。那么,能够不能够与可以不可以,它们的差别是很大的了,他们不可以互相对调也是很清楚的了。

【原文】

尧问于舜曰:"人情何如?"舜对曰:"人情甚不美①,又何问焉?妻子具而孝衰②于亲,嗜欲得而信衰于友,爵禄盈而忠衰于君。人之情乎!人之情乎!甚不美,又何问焉?"唯贤者为不然。有圣人之知者,有士君子之知者,有小人之知者,有役夫之知者:多言则文③而类,终日议其所以,言之千举万变,其统类一也,是圣人之知也。少言则径④而省,论⑤而法,若佚之以绳,是士君子之知也。其言也谄,其行也悖⑥,其举事多悔,是小人之知也。齐给、便敏而无类,杂能、旁魄⑦而无用，析速、粹⑧孰而不急，不恤是非，不论曲直，以期胜人为意，是役夫之知也。

【注释】

①美：好，善。

②衰：减少。

③文：指一个人言语文雅不粗鄙，与礼义之"文"的"文"不同。

④径：直接。

⑤论：通"伦"，条理。

⑥悖：违背。此句指阳奉阴违。

⑦旁魄：通"旁薄""磅礴"，形容广大无边。

⑧粹：通"萃"，聚集，指连缀文辞。

荀子的教育智慧

【译文】

尧问舜说："人之常情怎么样？"舜回答说："人之常情很不好，又何必问呢？有了妻子儿女，对父母的孝敬就减弱了；嗜好欲望满足了，对朋友的守信就减弱了；爵位俸禄满意了，对君主的忠诚就减弱了。人之常情啊！人之常情啊！很不好，又何必问呢？"只有贤德的人不是这样。有圣人的智慧，有士君子的智慧，有小人的智慧，有奴仆的智慧：话说得多，但合乎礼义法度，整天谈论他的理由，说起话来旁征博引、千变万化，他的纲纪法度则始终一致，这是圣人的智慧。话说得少，但直截了当而简洁精练，头头是道而有法度，就像用墨线扶持着一样，这是士君子的智慧。他的话奉承讨好，行为却与说的相反，他做事经常

中国古代教育智慧

后悔，这是小人的智慧。说话快速敏捷但没有法度，技能驳杂，广博而无用，分析问题迅速、遣词造句熟练但无关紧要，不顾是非，不讲曲直，把希望胜过别人作为心愿，这是奴仆的智慧。

【原文】

有上勇者，有中勇者，有下勇者。天下有中①，敢直其身；先王有道，敢行其意；上不湎于乱世之君，下不俗②于乱世之民；仁之所在无贫穷，仁之所亡无富贵；天下知之，则欲与天下同苦乐之；天下不知之，则傀然③独立天地之间而不畏，是上勇也。礼恭而意俭，大齐信焉而轻货财，贤者敢推而尚④之，不肖者敢援⑤而废之，是中勇也。轻身而重货，恬祸而广解，苟免，不恤是非、然不然之情，以期胜人为意，是下勇也。

【注释】

①中：中正之道，指礼义。

②俗：用作动词，指与世沉浮，以世人之习俗为习俗。

③傀然：通"块然""岿然"。

④尚：通"上"。

⑤援：拉，引。

【译文】

有上等的勇敢，有中等的勇敢，有下等的勇敢。天下有了中正之道，敢于挺身捍卫；古代的圣王有正道传下来，敢于贯彻执行他们的原则精神；上不依顺动乱时代的君主，下不混同于动乱时代的人民；在仁德存在的地方不顾贫苦穷厄，在仁德丧失的地方不愿富裕高贵；天下人都知道他，就要与天下人同甘共苦；天下人不知道他，就岿然屹立于天地之间而无所畏惧，这是上等的勇敢。礼貌恭敬而心意谦让，重视中正诚信而看轻钱财，对于贤能的人敢于推荐而使他处于高位，对于不贤能的人敢于把他拉下来罢免掉，这是中等的勇敢。看轻自己的生命而看重钱财，不在乎闯祸而又多方解脱苟且逃避罪责，不顾是非、正误的实际情况，把希望胜过别人作为自己的心愿，这是下等的勇敢。

【原文】

繁弱、钜黍①，古之良弓也，然而不得排檠②，则不能自正。桓公之葱③，太公之阙④，文王之录⑤，庄君之曶⑥，阖闾之干将、莫邪、钜阙、辟闾⑦，此皆古之良剑也，然而不加砥厉则不能利，不得人力则不能断。骅骝⑧、骐骥、纤离⑨、绿耳，此皆古之良马也，然而必前有衔辔之制，后有鞭策之威，加之以造父之驭，然后一日而致千里也。夫人虽有性质美而心辩知，必将求贤师而事之，择良友而友之。得贤师而事之，则所闻者尧、舜、禹、汤之道也；得良友而友之，则所见者忠信敬让之行也。身日进于仁义而不自知也者，靡使然也。今与不善人处，则所闻者欺诬诈伪也，所见者污漫、淫邪、贪利之行也，身且加⑩于刑戮而不自知者，靡使然也。传曰：

"不知其子视其友;不知其君视其左右。"靡而已矣!靡而已矣!

【注释】

①繁弱、钜黍:古代良弓名。

②排檠:矫正弓弩的器具。

③葱:桓公所用的良剑名,因剑呈青色,故名"葱"。

④阙:太公所用的良剑名。

⑤录:文王所用的良剑名,因剑呈绿色,故名"录"。

⑥曶:楚庄王所用的良剑名,因剑光恍惚,故名"曶"。

⑦干将、莫邪、钜阙、辟闾:都是阖闾使用的良剑名。干将、莫邪是阖闾让吴国剑匠干将与其妻子莫邪所铸,钜阙是越国人欧冶子所铸、由越王允常献给阖闾的。

⑧骅骝:黑鬣黑尾的赤色骏马,也称之为枣骝。

⑨纤离:毛纹细密的黑色骏马,"离"通"骊"。

⑩加:被施加。

【译文】

繁弱、钜黍,是古代的良弓,但是得不到矫正器的矫正,就不会自行平正。齐桓公的葱,齐太公的阙,周文王的录,楚庄王的曶,吴王阖闾的干将、莫邪、钜阙、辟闾,这些都是古代的好剑,但是不加以磨砺就不会锋利,不凭借人力就不能斩断东西。骅骝、骐骥、纤骊、绿耳,这些都是古代的良马,但是必须前有马嚼子、马缰绳的控制,后有鞭子的威胁,再给它们加上造父的驾驭,然后才能一天跑得到上千里。人即使有了资质的美好,而且脑子善于辨别理解,也一定要寻找贤能的老师去教导他,选择德才优良的朋友和他们交往。得到了贤能的老师去教导他,那么所听到的就是尧、舜、禹、汤的正道;得到了德才优良的朋友而和他们交往,那么所看到的就是忠诚守信恭敬谦让的行为,自己一天天地进入到仁义的境界之中而自己也没有察觉到,这是外界接触使他这样的啊。如果和德行不好的人相处,那么所听到的就是欺骗造谣、诡诈说谎,所看到的就是污秽卑鄙、淫乱邪恶、贪图财利的行为,自己将受到刑罚杀戮还没有自我意识到,这也是外界接触使他这样的啊。古书上说:"不了解自己的儿子就看看他的朋友怎么样,不了解自己的君主就看看他身边的人怎么样。"不过是外界的接触罢了,不过是外界的接触罢了。

【故事】

从神童到常人

宋朝的时候,有个小孩叫方仲永,出生于一个农人家庭。他家里祖祖辈辈都以种田为生,没有一个读书人。方仲永长到五岁了,还从未见过纸墨笔砚是什么模样。

可是有一天,方仲永突然哭着向家里人要

中国古代教育智慧

仲永索墨

纸墨笔砚,说想写诗。他父亲感到十分惊讶,马上从邻居那里借来笔墨纸砚,方仲永拿起笔便写了四句诗,而且还给诗写了个题目。

同乡的几个读书人知道了这件事,都跑到方仲永家来看,一致认为他写得不错。于是这件事便很快传开了,知道的人不免个个称奇。

有一年春节,方仲永的父亲带着他到好朋友刘伯家做客,刘伯非常热情地接待了他们,并大摆宴席,当时就座的全都是与方仲永父亲交往甚密的朋友,其中还有年近八旬的前辈。因为方仲永聪明过人,所以也被刘伯安排到大人们聚集的桌上。其实刘伯的心中有他的打算,因为他听说方仲永这么小就可以作诗,心中有些怀疑,所以想趁着今天这个大好的机会来考考他,看看传闻是否真实。

酒桌上,大人们推杯换盏、高谈阔论,方仲永也插不上话,就自己一个人独自大吃起来。酒过三巡、菜过五味,刘伯举起酒杯站起身来走到方仲永父子身边,借着酒劲说道:"我听说方仲永可以即兴作诗,不知此事是否属实?我不大相信这个传闻,今天正好大伙都在场,我想当众考一考他,怎么样?"

刘伯喝干了杯中的酒,用眼睛环顾了一下四周后开始出题:"贤侄,你就以今天我们相聚为题即兴作一首诗吧!"

方仲永低头沉思了片刻,念道:

佳肴设年景,杯酒映亲朋。

化成交心论，说与几代听。

从此，方仲永家便热闹了起来，经常有人来家玩，有的当场出题要小仲永作诗。小仲永不论什么题目都能立刻成诗，而且内容深刻雅致、文采绚丽多姿，得到了众人的赞赏。

不久，方仲永的天生奇才传到了县里，引起了很大震动，人们都认为他是个神童。县里那些名流、富人都十分欣赏方仲永，连他父亲的地位也随着提高了不少。那些人对方仲永的父亲另眼相看，还经常拿钱帮助他。这样一来，方仲永的父亲便认为这是件有利可图的好事情，于是放弃了让方仲永上学读书的念头，而是每天带着方仲永轮流拜访县里的那些名流、富人，找机会表现方仲永的作诗天才，以博得那些人的夸赞与奖励。

仲永赶场

这样一来，神童渐渐才思不济，久而久之，由于只一味凭着一点"天才"而没有后天的再学习，方仲永终至每况愈下。到十二三岁时，其作的诗比以前大为逊色，前来与他谈诗的人感到很是失望。到了二十岁时，他的才华已全部消失，跟一般人并无什么不同。人们都遗憾地摇着头，可惜一个天资聪颖的少年终于变成了一个平庸的人。

有了天赋就能成才吗？答案当然是否定的，方仲永正是一个十分典型的例子：一个神童，由天才变为中才，最后由中才变为庸才，原因就是他的父亲不给他学习的机会，他也没有继续努力，最终"泯然众人矣"。

中国古代教育智慧

泯然众人矣。

成人常人的仲永

因此，只有先天的智慧加后天的努力才等于人才，只有学习加努力才是一个人攀上学问顶峰的唯一道路。如果有人问：有捷径吗？答案是：没有！从成功的人身上可以看到：只有后天的努力才是成功的关键。

方仲永的父亲没有为他提供学习的机会，为什么他自己不努力、不争取呢？于谦就曾有一句名言："千锤万凿出深山。"人，何曾不需经过"千锤万凿"呢？